JN122787

実務家による改正法シリーズ⑤

Q&A 所有者 不明土地関連法

—改正民法・不動産登記法と 相続土地国庫帰属法等の解説

大阪弁護士協同組合 編

発刊のご挨拶

　令和 3 年 4 月 21 日「民法等の一部を改正する法律」（令和 3 年法律第24号）及び「相続等により取得した土地所有権の国庫への帰属に関する法律」（令和 3 年法律第25号）が成立しました。

　人口減少、高齢化に伴う土地利用ニーズの低下や地方から都市等への人口移動を背景とした土地の所有意識の希薄化などに伴い、不動産登記簿により所有者が直ちに判明しない土地、所有者が判明しても、その所在が不明で連絡が付かない土地、いわゆる「所有者不明土地」が全国的に増加しています。今回の改正等は、所有者不明土地の発生を予防し、所有者不明土地の利用の円滑化を図ることを目的としたものとなっています。

　今回の改正等により、不動産登記制度及び土地利用に関する民法の規律が見直され、新たに土地を手放すための制度が創設されます。

　本書は、今回の改正等の概要をＱ＆Ａの形で簡潔に紹介しつつ、改正がもたらす実務への影響にも触れた、実践的に活用できる書籍として企画・出版されました。執筆をお引き受けいただいた神戸大学名誉教授の安永正昭先生及び今回の改正等に際してパブリックコメントに対する大阪弁護士会の意見の検討等に携わってきた大阪弁護士会の有志の執筆者の先生方には大変お世話になりました。厚く御礼申し上げる次第です。

　本書が、実務に携わる多くの方々の一助となれば、望外の喜びです。

　末筆ながら、当組合の出版第 5 部会の皆様、株式会社ぎょうせいの稲葉輝彦様には多大なるご協力をいただきましたことに心からお礼申し上げ、本書発刊のご挨拶とさせていただきます。

2022年（令和 4 年） 6 月

大阪弁護士会協同組合

理事長　大砂　裕幸

はしがき

　本書は、いわゆる所有者不明土地問題に対処するため、2021年（令和3年）4月21日に成立し、同月28日に公布された「民法等の一部を改正する法律」（法律第24号）及び「相続等により取得した土地所有権の国庫への帰属に関する法律」（法律第25号）を対象に、その重要な論点について、法施行後の実務への影響にも配慮しながら、Ｑ＆Ａの形式で解説するものです。この2つの法律の施行はまだ先ですが（土地利用の円滑化に関連する民法の規定は令和5年4月1日、相続土地国庫帰属法は令和5年4月27日、相続登記の申請の義務化は令和6年4月1日）、不動産の管理、利用、相続、及び不動産登記にかかる実務に大きな影響を与えることが予想されるところから、これらの法律についての理解をあらかじめ深めておくことが有益であると考え、本書の出版を企画したものです。

　所有者が不明である土地とは、登記簿により所有者が直ちに判明せず、又は所有者が判明しても、その所在が不明で連絡が付かない土地と定義され、近年、その数が増加してきており、国土の20％を超えるとの調査結果が公表されています。このような土地については、所有者の調査に多大な手間がかかる、また、調査の負担と相まってそれらの土地の利用が阻害される、あるいは効率よく管理することができず近隣に迷惑を及ぼすことがあるなどいろいろな問題が生じており、法律面での対策が急がれる状況でした。

　上記2つの法律により、この所有者不明土地の「発生の予防」と「利用の円滑化」の両面から、種々の対策が講じられることとなりました。第1の「発生の予防」の観点からは、所有者不明土地発生の原因が、相続されたにもかかわらず相続登記がなされないまま放置されていること、また、所有者の住所変更の登記がなされないことなどであったので、不動産登記法を改正して、相続登記の申請及び住所変更登記申請を義務化することとし、正当な理由がないのにこれらの申請義務に違反した場合には過料に処することとしました。また、相続土地国庫帰属法により、相続等によって土地の所有権を取得した者が、法務大臣の承認を得てその土地の所有権を手放し国庫に帰属させる制度が創設されました。

第2の所有者不明土地の「利用の円滑化」を図る観点からは、民法等の改正がなされ、土地・建物の管理に特化した所有者不明土地・建物管理制度などが創設され、また、相隣関係、共有関係などにおいて所有者（共有者）を知ることができず、またその所在を知ることができない場合に生ずる不都合を緩和する規律が新設されました。

　大阪弁護士会では、この所有者不明土地の問題に関して、2018年（平成30年）6月、司法委員会内に検討プロジェクトチーム（座長：大砂裕幸弁護士、司法委員会PT担当副委員長：上田純弁護士）を立ち上げ検討を始め、2019年（平成31年）3月からの「法制審議会民法・不動産登記法部会」での審議に併行して、各種論点につき逐次検討、議論をし、大阪弁護士会としての意見を提出してきました。このような検討の経緯を踏まえて、改正・新設された各種制度につき、本チームに所属していた弁護士の有志が分担して、解説を執筆しています。なお、各原稿の体裁の統一等は山田徹弁護士が担当しました。

　本書により、多くの読者が、この改正法に理解を深めていただければ、大変幸いです。

　なお、本書の出版に当たっては、株式会社ぎょうせいの稲葉輝彦氏に大変お世話になりました。記して感謝を表します。

2022年（令和4年）6月
　　　　　　　大阪弁護士会所有者不明土地問題検討PT（有志）
　　　　　　　（メンバー　弁護士・神戸大学名誉教授　安永正昭）

凡　　例

1　法令名

　本文中の法令名は、原則として正式名称を用いたが、略称を用いる場合は、次に掲げる略称を用いた。なお、令和３年法律第24号による改正前の法律には法令名の前に「改正前」を付し、改正後の法律の法令名の前には「改正」を付した。

・所有者不明土地の利用の円滑化等に関する特別措置法　→　所有者不明土地法
・相続等により取得した土地所有権の国庫への帰属に関する法律　→　国庫帰属法
・表題部所有者不明土地の登記及び管理の適正化に関する法律　→　表題部法
・不動産登記法　→　不登法

　本文中の（　　）内の法令名は、次に掲げる略称を用いた。
・民法　→　民
・不動産登記法　→　不登
・非訟事件手続法　→　非訟
・家事事件手続法　→　家事
・相続等により取得した土地所有権の国庫への帰属に関する法律　→　国庫帰属法
・所有者不明土地の利用の円滑化等に関する特別措置法　→　所有者不明土地
・所有者不明土地の利用の円滑化等に関する特別措置法施行規則　→　所有者不明土地規
・所有者不明土地の利用の円滑化等に関する特別措置法施行令　→　所有者不明土地令
・表題部所有者不明土地の登記及び管理の適正化に関する法律　→　表題部

法
・表題部所有者不明土地の登記及び管理の適正化に関する法律施行規則　→
　　表題部規
・民事執行法　→　民執
・民事訴訟法　→　民訴
・借地借家法　→　借地借家
・建物の区分所有等に関する法律　→　建物区分
・商業登記法　→　商登
・会社法　→　会社
・下水道法　→　下水道
・租税特別措置法　→　租特

2　判例出典、法律雑誌の略称
・最高裁判所民事判例集　→　民集
・判例時報　→　判時
・判例タイムズ　→　判タ
・家庭裁判月報　→　家月

3　資料等の略称
・法制審議会民法・不動産登記法部会部会資料　→　部会資料
・法制審議会民法・不動産登記法部会「民法・不動産登記法（所有者不明土
　地関係）等の改正に関する中間試案」（令和元年12月3日）　→　中間試案
・同上中間試案補足説明　→　中間補足
・民法・不動産登記法（所有者不明土地関係）の改正等に関する要綱　→
　　要綱
・民法等の一部を改正する法律の附則　→　附則

目　　次

◆相 隣 関 係

◆共　　　有

◆財産管理制度の見直し

◆相　　　続

◆登記の義務化

◆登記手続の簡略化

◆その他見直し事項

◆相続土地国庫帰属制度

◆関 連 法 令

Q1
今回、所有者不明の土地について、法律の改正や新しい立法があったと聞きました。どのような改正や立法がされたのでしょうか。また、どうしてそのような改正や立法が必要となったのでしょうか。

A ① 「民法等の一部を改正する法律」が令和3年4月21日に成立し、同月28日に令和3年法律第24号として公布されました。これは、民法の一部改正（1条）、不動産登記法の一部改正（2条）、非訟事件手続法の一部改正（3条）、家事事件手続法の一部改正（4条）と附則から構成されています。

　また、「相続等により取得した土地所有権の国庫への帰属に関する法律」が、同じく令和3年4月21日に成立し、同月28日に令和3年法律第25号として公布されました。

② 人口減少、高齢化の進展に伴う土地利用ニーズの低下、地方から都市への人口移動等を背景とした土地の所有者意識の希薄化等により、登記を見ただけでは所有者がわからないというような所有者不明土地が全国的に増加しています。そこで、所有者不明土地の発生予防と既に発生した所有者不明土地の利用や妨害排除等の円滑化を図るための仕組みを整備するため、今回の法律改正や立法がされました。

1　背景事情─所有者不明土地の増加

　土地や建物は「不動産」として、私たちの財産の中で重要な位置を占めてきました。憲法29条1項は、「財産権は、これを侵してはならない。」と定め（2項で「公共の福祉に適合」しなければならないこと、3項で「正当な補償の下に」、「公共のために用ひることができる」こともあわせて規定されています。）、民法においても、所有権の絶対が基本原則の一つとされてきました。

　しかし、1960年代から1970年代の高度経済成長期において、大都市圏への人口集中が急速に進み、都市部以外では過疎化が進みました（限界集落の増加）。核家族化はさらに進展し、高齢者が介護施設に入所したり、相続が発生したりすることなどにより、誰も住まず、誰も管理もしない、空き家や空き

地が増えることとなりました。経済活動の中で重要な位置を占めていた「不動産」がまさに「負動産」と言われる事態となってきました。

　このような管理が放棄された土地、あるいは、不動産登記簿には所有者名が記載されていても、相続が繰り返されたり、相続人の一部が相続放棄の手続をとってそのままになっていたりして、相続後の権利関係が登記に反映されておらず、誰が権利者かが容易に判明しない土地、あるいは権利者はわかったとしても連絡の取りようがない土地が日本国中で増加し、まさに、「持ち主がわからない土地が九州の面積を超えている」（吉原祥子（東京財団研究員）著『人口減少時代の土地問題─「所有者不明化」と相続、空き家、制度のゆくえ』（中央公論新社、2017年））という事態となってきました。そのような空き家や空き地は、庭木や雑草が繁茂したり、不審者のねぐらやたまり場になったりして、放火や失火の原因ともなるし、猫やネズミ等の繁殖、ごみの不法投棄等により不衛生ともなります。景観や通行等の支障になったり、隣地等の適切な利用の障害になったりもします。また、公共事業の推進など、様々な局面において、所有者の特定等のために多大なコストを要し、円滑な事業実施への大きな支障となります。

2 空き家対策法、所有者不明土地の利用の円滑化等に関する特別措置法の成立

　このような状況を受けて、平成26年11月27日に「空家等対策の推進に関する特別措置法」（平成26年法律第127号）が成立し、平成26年11月27日、公布されました（平成27年5月26日全面施行）。これによって、同法2条2項の「特定空家等」に該当すれば、市町村長は、空家等についての情報収集、除却や修繕、立木竹の伐採等の措置の助言又は指導、勧告、命令が可能となりました。場合により、要件が明確化された行政代執行の方法による強制執行も可能となりました（4条）。

　また、平成30年6月6日には、所有者不明土地の公共的目的での利用を実現するための「所有者不明土地の利用の円滑化等に関する特別措置法」（平成30年法律第49号）が成立し、令和元年6月1日に全面施行されました。

　これにより、例えば、法務局では、登記官が、所有権の登記名義人の死亡後長期間にわたり相続登記がされていない土地について、法定相続人等を探

索した上で、職権で、長期間相続登記未了である旨等を登記に付記したり、法定相続人等に登記手続の申請を勧告したりすることができるようになりました（不動産登記法の特例）。また、地方公共団体の長等に財産管理人の選任申立権を付与する民法の特例も設けられました。

　また、平成30年11月15日から、今後、相続登記がされないまま放置されるおそれのある土地に対応するため、一定の資産価値が高くない土地について、令和4年3月31日までの特例として相続登記の登録免許税の免税措置も講じられました（租特84条の2の3第1項）。

<h2>3　所有者不明土地の発生抑制・解消に向けての方策</h2>

　所有者不明土地の発生抑制・解消に向けての方策も重要です。国土交通省では、「経済財政運営と改革の基本方針（骨太の方針）」や「所有者不明土地等対策の推進に関する基本方針」（令和元年6月14日所有者不明土地等対策の推進のための関係閣僚会議決定）、国土審議会における調査審議等を踏まえた検討が行われ、第201回国会に土地政策の基本理念等を見直し、適正な土地の利用及び管理を確保する施策の総合的かつ効率的な推進を図るとともに、その前提となる地籍調査を円滑化・迅速化するための措置等を一体的に講ずるため、土地基本法、国土調査法等を改正する「土地基本法等の一部を改正する法律案」が提出されました。同法案は、令和2年3月27日に成立し、このうち、改正土地基本法（平成元年法律第84号）については、同年3月31日に公布・施行されました。

　また、同年5月26日には、土地基本法に基づく「土地基本方針」が閣議決定され、社会経済情勢の変化や施策の推進等を踏まえた適時の見直しを通じて、所有者不明土地対策・管理不全土地対策等の個別施策を着実に展開することとされました。

　また、平成31年（2019年）2月、法制審議会は第183回会議で、法務大臣の諮問第107号を受け、所有者不明土地の発生の予防及びその円滑かつ適正な利用の仕組みを早急に整備する観点から、民法、不動産登記法等の改正に必要な方策を提示するべく、同年3月から民法・不動産登記法部会を設けて調査・審議が開始されました。その後、中間試案、パブリックコメントを経て、法律制定に至りました。

4 所有者不明土地の利用の円滑化を図る方策—民法の改正

　所有者不明土地の円滑かつ適正な利用の仕組みを整備する観点から、民法の改正が行われました。詳細は各章を見ていただくとして、概要を説明します。

　なお、これら民法の規律の見直しは令和5年4月1日施行となっています。

（1）土地・建物の管理制度の創設

　現行法でも土地・建物の管理制度として、不在者財産管理人あるいは相続財産管理人という制度があります。しかし、これらの制度は、人単位で、かつ、財産全般を管理する必要があり、負担も重く、非効率になりがちです。

　そこで、財産管理制度を見直し、個々の所有者不明土地・建物の管理に特化した新たな財産管理制度を創設することになりました。これにより、裁判所が管理命令を発令し、管理人を選任し、裁判所の許可があれば売却することも可能となりました。適切な運用によって、所有者不明土地・建物の管理を効率化・合理化することが期待されます。

（2）管理不全土地・建物の管理制度の創設

　現行の不在者財産管理人あるいは相続財産管理人、また、上記所有者不明土地・建物の管理制度では、所有者は判明しているが適切な管理がされていない、そのことによって危険な状態になっているというようなケースには対応できません。

　そこで、所有者が土地・建物の適切な管理をせずに放置していることで他人の権利が侵害される恐れがある場合に、管理人の選任を可能にする制度を創設することになりました。これによって、管理不全の土地・建物の適切な管理が可能となることが期待されます。

（3）共有者不明の場合への新たな対処

　共有者の中に連絡がつかない不明共有者がいる場合、利用に関する共有者間の意思決定が困難となりますし、共有者を減らしたり、解消しようと思っても持分の集約ができないことになります。

そこで、共有制度を見直して、共有物の利用の円滑化を図るため、裁判所の関与の下、不明共有者等に対して公告等をした上で、残りの共有者の同意で共有物の変更行為や管理行為を可能にする制度が創設されました。また、裁判所の関与の下で、不明共有者の持分の価額に相当する額の金銭を供託することにより、不明共有者の共有持分を取得して不動産の共有関係を解消する仕組みを創設することになりました。これらにより不明共有者がいたとしても、共有物の利用・処分を円滑かつ適切に進めることが期待されます。

（4）遺産分割長期未了状態への新たな対処

　遺産分割が長期間放置された場合、具体的相続分に関する証拠等が散逸し、遺産分割協議を成立させて、共有状態を解消させるということが困難となります。そこで、相続制度を見直し、長期間経過した後の遺産分割について見直しがされました。

　これは、相続開始から10年を経過したときは、個別案件ごとに異なる具体的相続分による分割を認めず、画一的に法定相続分で遺産分割を行う仕組みを創設するというものです。これにより、より簡明に、長期未了状態の遺産分割の解消を促進することが期待されます。

（5）隣地等の利用・管理の円滑化のための新たな対処

　現行法では、一定の隣地使用権や囲繞地通行権の規定はあっても、ライフラインである導管等を隣地等に設置することについての明確な根拠規定はなく、土地の利用が阻害されるケースがあります。

　そこで、相隣関係規定の見直しによって、ライフラインの設備設置権等の規律の整備が図られました。ライフラインを自己の土地に引き込むための導管等の設備を他人の土地に設置する権利を明確化することにより、隣地所有者が不明であっても対応できる仕組みも整備されました。これによってライフラインの引込みを円滑化し、土地の利用を促進することが期待されます。

5　所有者不明土地の発生を予防する方策―不動産登記法の改正

　現行の不動産登記においては、公信力がないため、登記名義人＝土地所有者ということにはなっていません。また、相続が発生しても、相続登記をし

なければならないということにはなっていません。そうすると、長い間放置された登記の場合、所有者を確認しようとすれば、登記名義人の相続関係を調査する必要があり（せめて登記名義人が死亡しているかどうかだけでもわかるようにならないのかという指摘もありました。）、所有者の探索に時間と費用が掛かることになります。これでは公共事業で土地を活用等しようとしても、すみやかな用地買収ができないということになります。

そこで、不動産登記法を改正し、次のような制度が設けられました。

（1）相続登記の義務化

不動産を取得した相続人に対し、その取得を知った日から3年以内に相続登記の申請を義務付けることになりました。また、実効性を確保するため、正当な理由のない申請漏れには過料の制裁が設けられました。相続登記の申請義務の実効性を確保するため、相続人申告登記という制度を設けて手続的な負担を軽減し、また登記手続費用についても負担軽減の措置がとられ、登記漏れを防止するため所有不動産記録証明制度が新設されました。また、死亡届が提出された際に、相続登記の必要性の周知・啓発など、地方公共団体との連携も図られることになりました。

なお、相続登記の申請義務化、相続人申告登記の申請義務化については令和6年4月1日施行となっています。

（2）登記名義人の死亡等の事実の公示

登記官が他の公的機関（住基ネットなど）から死亡等の情報を取得して、職権で登記に表示することができるようになりました。これにより、登記簿を見れば登記名義人について相続が発生しているかどうかは確認できるようになりました。

また、これまでは住所変更登記は義務とはされていませんでしたが、不動産登記法の改正により、所有権の登記名義人に対し、住所等の変更日から2年以内にその変更登記の申請をすることが義務付けられました。この点も実効性を確保するため、正当な理由のない申請漏れには過料の制裁があります。また、他の公的機関から取得した情報に基づき、登記官が職権で変更登記をする新たな方策も導入されることになりました。

なお、住所等の変更登記の申請義務化については令和8年4月までに施行されることになっています。

6　所有者不明土地の発生を予防する方策──国庫帰属法

　所有者不明土地の発生を予防する方策として、相続等により取得した土地所有権を国庫に帰属させる制度が創設されました。土地利用ニーズの低下等により、土地を相続したとしても利用も管理もできず、むしろ土地を手放したいとのニーズが増加してきています。また、管理負担を心配して、相続が発生しても誰も土地の取得を望まないということで、管理不全の状態にもなっています。

　そこで、相続又は遺贈（相続人に対する遺贈に限ります。）により取得した土地を手放して、国庫に帰属させることを可能とする制度を創設することになりました。ただし、管理コストの国への転嫁や土地の管理をおろそかにするモラルハザードが発生するおそれがありますので、国庫への帰属には一定の要件が設けられ（詳細は政省令で規定されることになります）、法務大臣において要件を審査することになりました。

　なお、相続土地国庫帰属制度の創設については令和5年4月27日施行となっています。

（大砂　裕幸）

Q2 「所有者不明土地」—所有者が不明である土地—とは一体どのような土地を指すのでしょうか。

A 「所有者不明土地」は今回の改正立法（「民法等の一部を改正する法律」（令和3年法律第24号）及び「相続等により取得した土地所有権の国庫への帰属に関する法律」（令和3年法律第25号））におけるキーワードです。しかし、この所有者不明土地の意味内容は法全体を通して単一ではなく、広義のものと、狭義のものとがあります。

　広義のものは、「不動産登記簿により所有者が直ちに判明せず、又は判明しても連絡がつかない土地」と定義され（中間補足162頁）、登記簿の記録だけからは現在の所有者（又は共有者）、又はその住所が判明しない土地を指しています。

　狭義のものは、改正された民法の条文の文言で「所有者を知ることができず、又はその所在を知ることができない土地」（改正民264条の2第1項〔所有者不明土地管理命令〕ほか）、「共有者が他の共有者を知ることができず、又はその所在を知ることができない」（改正民251条2項〔共有物の変更〕ほか）と表現されているものであり、登記簿に加えて、さらに住民票、戸籍により必要な（追跡）調査を尽くしても所有者（共有者）の氏名又は名称やその所在を知ることができないことをいいます。所有者が法人である場合には、その本店及び主たる事務所が判明せず、かつ、代表者が存在しない又はその所在を知ることができないときに、「その所在を知ることができない」に該当します（部会資料33・2頁）。

1　はじめに

　このように、所有者不明土地が広狭二義で使用されることになったのは、所有者不明土地対策のための今回の民事基本法制の見直しにあたって、一方で、不動産登記を基準として所有者不明土地を定義し、その発生予防の側面から不動産登記法を改正することとし、他方で、既に発生している所有者不明土地について、所有者の意思を顧慮することなくその土地の利用の円滑化

を図ることという側面から民法（所有権法）の改正を行ったからです。

2　発生予防の観点からする所有者不明土地

（1）所有者不明土地（広義）

（A）はじめに

　我が国では不動産登記簿を見ても所有者又はその住所がすぐには把握できない土地がたくさんあって困るというのが問題の発端です。例えば公共事業のため土地を利用する、又は譲り受けようとするとき、利害関係人は、その所有者がだれかを調べることになりますが、その際の第1の手がかりは登記簿に記載されている土地所有者名及びその住所です。しかし、登記簿の記録によるだけでは当該土地の本来の所有者（相続人）にたどり着けないことが少なくありません（調査では国土全体の22％に上るとされます）。その理由は、登記名義人が死亡し相続が生じているにもかかわらず相続登記がなされないままである（そのうちの65.5％）、また、転居したのに住所変更の登記がされないままである（そのうちの33.6％）ことなどにあります。この相続登記、住所変更登記がされない背景としては、①地方にある土地について相続が発生しても、都市部に定住する相続人はその土地に関心を持たず、相続を放棄したり、遺産分割や相続登記もしないまま放置するというような事情、②転居などで住所の変更をした場合、不動産登記簿の住所変更の申請にまで思いが至らない、あるいは面倒であるというような事情、そして、③これらの登記はしなくても不利益が生ずるわけではなく、申請は義務とはされていない制度であることが考えられます。

（B）問　題　点

　登記簿の記録から所有者又はその所在が分からない場合には、利害関係人は、登記名義人についての住民票で住所の移動を調査する、また、所有者が死亡しておれば、戸籍謄本等により相続人を確定し、さらに相続人の住所を調査しなくてはならず（さらに相続人死亡の場合には同じ手順でさらに調査する）、手間、時間、費用がかかり非効率です。それゆえ、所有者不明土地（広義）については、その利活用が阻害される結果となっており、可能な限り所有者不明土地の発生を予防することが重要な課題となります。

9

（2）発生予防の具体策

（A）はじめに

　登記簿の記録から所有者及びその所在を直接明らかにできることがゴールであり、記録から所有者にたどり着けない土地を所有者不明土地と呼んで、その発生を予防しようというのが、本改正法の第1の目的です。登記名義人の住民票、戸籍などを調査すれば、その所在、死亡、相続人（所有者）の氏名等が判明する場合もこの定義では所有者不明土地とされることになります。登記簿の記録は公開されていますが、住民基本台帳、戸籍は、原則非公開であり、一般の取引における土地所有者の調査にとっては、登記簿の記録が重要であるという事情もあわせて指摘しておかなくてはなりません。

　今回、この発生予防という観点からは、不動産登記法を改正することにより、現在の所有者情報を登記簿に可能な限り記載させることとしました。以下、主なものを紹介します。

（B）相続登記の申請義務化

　まず、所有者（及び共有者）不明の状態が発生する最大の原因を除去すべく、相続人に対し、公法上の義務として、相続（特定財産承継遺言を含む）及び遺贈（受遺者が相続人の場合）により所有権を取得した場合、3年以内に（自己のために相続の開始があったことを知り、かつ、当該所有権を取得したことを知った日から）、所有権の移転の登記を申請するよう義務付けました（改正不登76条の2）（Q31以下参照）。そして、正当な理由がないのに（登記官が登記申請をするよう催告をするなどの手順を踏んだにもかかわらず）この義務を怠ったときは過料（10万円以下）に処するとしています（改正不登164条1項）。また、相続登記申請義務の代替的手段として、相続人申告登記の制度を創設しました（改正不登76条の3）（Q33参照）。なお、申請漏れの防止のため、相続登記が必要な不動産の一覧を証明書として発行してもらえる所有不動産記録証明制度が設けられました（改正不登119条の2）（Q43参照）。あわせて、上記の登記申請の義務の履行を助け、促進するため、関連する登記手続について、簡素化・合理化が図られています（Q37参照）。

10

なお、権利に関する登記は原則として権利者の自発的申請によることとされていますが、その原則を修正して申請を公法的に義務付けることの説明が必要です。それに関しては、今日の社会においては土地所有者には土地の適切な利用・管理に関する責務があり、それゆえ、土地所有者には、不動産登記手続を適時にする義務があるとしています。

（C）住所変更登記の申請義務化等

　次に、所有権の登記名義人の氏名若しくは名称又は住所についての変更があったとき、当該所有権の登記名義人は、その変更があった日から2年以内に、それら変更についての登記の申請をしなければならないという公法上の登記申請義務を課すことにしました（改正不登76条の5）（Q36参照）。そして、申請の義務を怠ったときは過料（5万円以下）に処するとしています（改正不登164条2項）。

　さらに、改正不動産登記法76条の6は、登記官が、所有権の登記名義人の氏名若しくは名称又は住所の変更があったと認めた場合には（住民基本台帳ネットワークシステムなどから）、職権で、それらの変更の登記をすることができるとしています（ただし、登記名義人が自然人であるときは、その申出があるときに限るとされます。）（Q41参照）。

（D）死亡情報の符号表示

　さらに、所有者不明土地状態を回避する方策として、登記官は、登記名義人が死亡した（権利能力を有しないこととなった）と認めるべき場合には、職権で、登記名義人についてその旨の符号を表示することができる、としています（改正不登76条の4）。登記官が、他の公的機関（住民基本台帳ネットワークシステムなど）から、死亡等の情報を取得することが想定されています。この符号により当該不動産について相続が開始していることが表示されることになります（Q42参照）。

3　利用の円滑化を図る観点からする所有者不明土地

（1）所有者不明土地（狭義）

現状で所有者不明となっている土地についての利用円滑化の方策は、民法

11

の改正（規定の新設）により具体化されています。

　所有者不明土地・建物管理制度（改正民264条の2〜264条の8）、共有物の変更、管理（改正民251条2項、252条1項・2項、252条の2第2項）、所在等不明共有者の持分取得・譲渡制度（改正民262条の2、262条の3）です。条文のタイトルでは「所有者不明土地管理命令」とうたわれていますが、条文文言では「所有者を知ることができず、又はその所在を知ることができない土地」（改正民264条の2第1項ほか）、あるいは「共有者が他の共有者を知ることができず、又はその所在を知ることができない」（改正民251条2項ほか）と表現されています。

　この条文文言の解釈は、それぞれの条文においてこの所有者不明土地につきいかなる扱いが予定されているかにより、決まります。例えば、所有者不明土地管理制度を例に説明すると、この意味の所有者不明土地に対して、裁判所は、利害関係人の請求により、必要があると認めるときは、その土地を対象として所有者不明土地管理人による管理を命ずる処分を発することができます（改正民264条の2第1項）。そして、選任された土地管理人の権限は、管理対象土地及び土地上の動産、並びにその管理、処分により得た財産（金銭）についての管理、処分権であり、その権限は管理人に専属するとされます（改正民264条の3第1項。Q24参照）。そこで、登記簿の記載によれば所有者又はその所在が不明であっても、所有名義人の住民票により転居先がわかるというような場合には所有者不明管理命令の発出は適当ではありません（改正により新設された管理不全土地管理命令〔改正民264条の9〕の問題とはなり得ます）。したがって、ここでいう所有者不明土地とは、登記簿のみを基準とするのではなく、さらに住民票、戸籍により必要な（追跡）調査を尽くしても所有者、又は、その所在が不明である土地[1]、と狭義で理解することになります（国土の0.4%ほどとされます。）。

　ちなみに、所有者不明土地の利用の円滑化を図る目的で制定された「所有者不明土地の利用の円滑化等に関する特別措置法（平成30年法律第409号）」における所有者不明土地の定義、「相当な努力が払われたと認められるものとして政令で定める方法により探索を行ってもなおその所有者の全部又は一部を確知することができない一筆の土地をいう。」（同法2条）と同じ意味内容であると考えられます。

（2）利用の円滑化を図る諸方策

　以下、狭義の所有者不明土地についての利用円滑化の諸方策を簡単に整理しておきます。

（A）所有者不明土地・建物の管理制度

　所有者（共有の場合は共有者）を知ることができず、又はその所在を知ることができない土地（共有の場合はその共有持分）について、前述の通り、管理の効率化、合理化のために、裁判所が関与する、当該土地に焦点をあわせた管理制度が新たに設けられました（改正民264条の2〜264条の7）。また、この管理制度は、所有者不明建物について、土地と別個に独立して設けられています（改正民264条の8）（以上、Q21参照）。なお、所有者不明ではないが管理不全である土地・建物についての管理命令の制度も関連して設けられています（Q22参照）。

（B）所在等不明共有者がいる場合の共有物の利用や共有関係解消の円滑化

　（a）土地の共有において、共有者が他の共有者を知ることができず、又はその所在を知ることができないときは（「所在等不明共有者」と呼びます）、共有物の管理、変更についての共有者間での意思決定が困難ですし、あるいは、共有物の分割、処分においても同様な問題があります。そこで、共有制度の中にそのような場合について、裁判所が関与するかたちでの、解決のルールが創設されました。

---

(1)「所有者を知ることができない」事例としては、自然人の場合、不動産登記の表題部にのみA他何名というようなかなり昔の記載があるだけで共有者の一部しか特定できないようなケース、所有者が死亡して戸籍等を調査しても相続人が判明しないケース、あるいは判明した相続人全員が相続の放棄をしたケースなどです。

　他方、「その所在を知ることができない」事例としては、自然人では、登記簿上又は住民基本台帳上の住所を手がかりに所在の調査を行うがそれによっては判明しない場合です（所有名義人が死亡している場合には、戸籍（当該所有者の出生から死亡までの経過の記載が分かる戸籍全部事項証明書（戸籍謄本）等）を調査して相続人を調査し、加えて相続人の住民票を調査することになります（その相続人死亡の場合には同じ手順でさらに調査します）。法人の場合、法人の登記簿上の所在地に本店（主たる事務所）がない、また、代表者が住民票上の住所に居住していないあるいは死亡している場合がこれに当たります。

（b）第1は、裁判所は、共有者の請求により、所在等不明共有者に対して公告等をした上で、①その所在不明共有者を除く残りの共有者全員の同意でもって共有物に変更を加えることができる旨の裁判をすることができる（改正民251条2項）、あるいは、②その所在等不明共有者（及び賛否不明共有者）を除く残りの共有者の持分の価格に従った過半数で共有物の管理に関する事項を決定できる旨の裁判をすることができる（改正民252条2項）とする制度を創設しました（Q10参照）。

（c）第2は、裁判所は、共有者の請求により、その共有者が所在等不明共有者の持分の価格に相当する金額の金銭を供託することで、①その共有者が、所在等不明共有者の共有持分を取得する旨の裁判（共有持分の集約）をすることができる（改正民262条の2。Q16参照）、あるいは、②他の共有者全員が共に持分を譲渡することを条件に、その共有者に、所在等不明共有者の持分を第三者に譲渡する権限を付与する旨の裁判（共有関係の解消）をすることができるという制度を創設しました（改正民262条の3。Q18参照）。

(C) 隣地の利用・管理の円滑化

（a）ライフラインの設置に関する相隣関係の規定を置き（改正民213条の2）、また、隣地の使用に関する規定（改正民209条）、及び、境界線を越える竹木の枝の切除及び根の切取りの規定（改正民233条）を改正しています。

（b）まず、隣地の使用について、土地の所有者は一定の目的のため必要な範囲で「隣地を使用することができる」こととし、これまでの「隣地の使用を請求することができる」＝隣人承諾が必要という構成を改めました。使用の際の手続きとして、隣地の所有者及び隣地使用者にあらかじめの通知をすることを求め、「あらかじめ通知をすることが困難なとき」は「使用を開始した後、遅滞なく、通知することをもって足りる。」としています（改正民209条3項、213条の2第4項。Q3参照）。通知困難という所有者不明と異なる枠組みが使用されていますが（狭義の所有者不明状態までは求めていないと理解できる）、これにより、隣地の使用を迅速、円滑に進めることができるよう手当がなされています。

(c) 次に、隣地の竹木の枝が境界線を越えるときは、竹木の所有者にその枝を切除させることができます。しかし、その「竹木の所有者を知ることができず、又はその所在を知ることができないとき」は、土地の所有者は自らその枝を切り取ることができる、とされます（改正民233条。Q4参照）。竹木はふつう土地の所有権の一部ですので、上記の(A)(B)の場合と同じく、土地の所有者が不明、所在不明の場合がこれに該当することになると考えられます。これらの場合において、境界線を越える竹木の枝の切除を円滑に進めることができるよう手当がなされています。

（安永　正昭）

◆相隣関係

Q3
隣地を使用することができるのは、どのような場合でしょうか。そのための手続には、どのようなものがあるのでしょうか。

A 1　土地の所有者は、次に掲げる目的のため必要な範囲内で、隣地を使用することができます。

①　境界又はその付近における障壁、建物その他の工作物の築造、収去又は修繕

②　境界標の調査又は境界に関する測量

③　第233条第3項の規定による枝の切取り

　ただし、住家については、その居住者の承諾がなければ、立ち入ることはできません（改正前民209条1項）。

2　上記により隣地を使用する者は、使用に先立って隣地所有者等から承諾を得たり、訴訟提起して承諾に代わる判決を得たりする必要はないものの、あらかじめ、その目的、日時、場所及び方法を隣地の所有者及び隣地使用者に通知しなければなりません。ただし、あらかじめ通知することが困難なときは、使用を開始した後、遅滞なく、通知することをもって足ります（同条3項）。

1　改正の背景

　改正前民法209条1項は、文言上「隣地の使用を請求することができる。」としていたことから、使用に先立って、隣人に承諾を得るか、任意に承諾を得られない場合には訴訟を提起して承諾に代わる判決を得る必要があるとする請求権説が通説とされていました[1]。

　請求権説は、隣地の所有者や居住者の利益に配慮するものではあるものの、訴訟を経ることは煩瑣であるとともに、正当な必要な限度での隣地の使用の申出に対して、これらのものによる嫌がらせ的な不承諾を避けることができない問題点がありました。

　これに対して、改正前の民法209条においても、あらかじめ隣地所有者の

---

(1)　小粥太郎編『新注釈民法(5)物権(2)』（有斐閣、2020年）373頁〔秋山康弘〕

承諾を得ずとも隣地使用権の権利行使が可能であるとの立場（形成権説）も
あり[2]、実務においても形成権説によると理解しうる裁判例もありました。

　そうした状況において、被災地における復興のための土地の利用において、
隣地に居住者や使用者がおらず隣地の所有者が所在不明や所有者不明である
場合は、隣地使用の承諾を得られず、承諾に代わる判決を得るにも困難を伴
うために、復興の障害となる場合が見られるようになったことから、209条
についても改正の議論の対象となりました。

2　概　　要

（1）民法209条1項

　本改正法の法制審においては、当初は請求権説を維持する意見も強かった
ものの、中間試案のパブリックコメントを経て形成権説へ転換することとな
りました。これは、被災地における復興のための土地の利用を念頭に置いた
とき、隣地に居住者や使用者がおらず隣地の所有者が所在不明や所有者不明
である場合に、あらかじめ隣地使用の承諾を得ずとも、正当な範囲での隣地
の利用を可能とするべきであることによります。

　こうした経緯を経て、209条1項は、改正前の「隣地の使用を請求するこ
とができる。」との文言から、「隣地を使用することができる。」に変更され形
成権説を採用することを明確にしました。これにより、隣地の使用に際して
は、あらかじめ、隣地の所有者等に事前に承諾を取ったり、訴訟提起して承
諾に代わる判決を得たりしなくても、隣地を使用することができる旨が規定
されました[3]。

　また、同条項は、土地の所有者が隣地を使用できる場合として、1号にお
いて、改正前から規定されていた場合につき規定を修正して「境界又はその
付近における障壁、建物」に「その他の工作物」を追加するとともに、「築造
又は修繕」に「収去」を追加したほか、2号において「境界標の調査又は境
界に関する測量」の場合、3号において改正民法233条3項による枝の切取
りの場合にも、隣地を使用できる旨を規定しました。

---

(2)　川島武宜・川井健編集『新版注釈民法(7)』（有斐閣、2007年）331頁〔野村好弘＝小賀
　　野晶一〕
(3)　部会資料51・1頁、部会資料52・1頁

同項ただし書は、改正前においては住家の立入りについては隣人の承諾を要件としていましたが、「居住者」の承諾に変更しました。これは、隣地上の住家への立入りに際して承諾を求めて保護すべきは居住者の利益であることによります[4]。

（2）民法209条2項

改正前民法209条には、隣地使用の方法については規定されていなかったことから、民法211条1項にならって、使用の日時、場所及び方法は、隣地の所有者及び隣地を現に使用している者（以下「隣地使用者」という。）のために損害が最も少ないものを選ばなければならないとしました[5]。

改正前民法209条は「隣人」としていたのに対して、改正法においては、隣地使用における利益調整の対象は、隣地の所有者及び隣地使用者であり、同条2項の対象となるものを明確にしました。

（3）民法209条3項

改正法1項において、形成権説の観点から、訴訟を経ずとも隣地を使用できるとしました。かかる隣地の使用にあっては、隣地の所有者や隣地使用者の利益を考慮するとともに、隣地の使用権の有無を判断できるようにする必要があることから、同条3項は、第1項の規定により隣地を使用する者は、あらかじめ、その目的、日時、場所及び方法を隣地の所有者及び隣地使用者に通知しなければならない旨を規定しました。

しかしながら、急迫の事情があるものの、現に隣地の土地建物に隣地使用者がおらず、土地の登記簿から所有者を調査するも現在の所有者が直ちに判明しない場合等には、隣地の所有者にあらかじめ通知することが困難なことがあり得ます[6]。そこで、同条3項ただし書は、通知の負担軽減の観点から、あらかじめ通知することが困難なときは、使用を開始した後、遅滞なく通知することをもって足りる旨を規定しました。この「遅滞なく」とは、隣地の使用後、隣地の所有者が判明したときに通知すれば足りるという趣旨です[7]。

---

(4) 部会資料51・2頁
(5) 部会資料56・1頁、2頁
(6) 部会資料51・2頁

よって、公示による意思表示（民法98条）の方法の通知までは不要です。

　あらかじめ隣地の使用目的・日時・場所及び方法の通知をすれば、隣地の所有者及び隣地使用者から異議を述べられることも考えられます。この場合には、自力救済が禁止されるのは当然ですから、実務的には、隣地を使用する者は、異議を踏まえて隣地の所有者及び隣地使用者との間で日時・場所及び方法の代案について交渉をし、それを経て隣地の使用をすることとなると考えられます[8]。

　これに対して、隣地を使用する者から相当な日時・場所及び方法を提案するも隣地の所有者及び隣地の使用者がこれに応じず、また隣地の使用を妨害するなどの場合には、妨害の差止めの訴えを提起するか妨害禁止の仮処分申立てを行うなどの法的措置が必要になります[9]。

（4）民法209条4項

　改正前民法209条においても、隣人が損害を受けたときは、その償金を請求することができる旨を規定していましたが、改正法においては、その趣旨を維持しつつ、償金請求の主体を、改正法1項ないし3項に沿って「隣地の所有者又は隣地使用者」と規定し、明確化しました。

3　実務への影響

　本改正により、土地所有者は、あらかじめ通知をすれば、裁判手続を経ることなく、隣地を使用することができるようになり、土地の管理が容易になりました。

　また、隣地の所有者が不明な場合であっても、あらかじめの通知を経ずとも使用開始後に通知をすることで、隣地を使用できるようになりました。

　その意味で実務への影響は小さくありません。

4　施行期日

　本改正の施行日は、令和5年4月1日です。　　　　　　（林　　邦彦）

---

(7) 部会資料56・3頁
(8) 部会資料52・2頁、部会資料55・3頁
(9) 部会資料51・2頁、部会資料52・2頁、部会資料55・3頁

Q4
隣地の竹木の枝が境界線を越えている場合、土地所有者自身が枝を切除できるのは、どのような場合でしょうか。

A
土地所有者は、越境している竹木の枝を、その竹木の所有者に切除させることができます（改正民233条1項）。

しかし、①土地所有者が、竹木の所有者に枝の切除を催告したにもかかわらず、竹木の所有者が相当の期間内に切除しないとき（同条3項1号）、また、②竹木の所有者を知ることができず、又はその所在を知ることができないとき（同条同項2号）、③急迫の事情があるとき（同条同項3号）には、土地所有者は自ら枝を切除することができます（同条3項柱書）。

1　改正の背景

隣地の竹木の枝が、境界線を越えて隣接する土地上にまで伸びてくることがあります。この場合、越境された土地所有者（以下「土地所有者」という。）が竹木の所有者に対して枝を切除するよう求め、その求めに応じて竹木の所有者がその枝を切除すれば、問題は解決します。

しかし、竹木の所有者が枝を切除しない場合や、そもそも竹木の所有者が不明な場合には、越境した枝によって土地の所有権が侵害された状態が続くことになります。

ところで、改正前民法233条1項においては、土地所有者は、隣地の竹木の枝が境界線を越えるとき、竹木の所有者に対し、その枝を切除させることができることだけ規定していました。同規定に基づいて枝を切除させるための手続は、土地所有者が、竹木の所有者に対し、枝の切除請求訴訟を提起し、請求認容判決を得た上で、代替執行（民執171条1項）の方法で枝を切除し、その費用を竹木の所有者に請求するというものでした。さらに、竹木の所有者が不明であった場合、上記の各手続に加え、その探索もしなければなりませんでした。

以上の各手続は、相当なコスト、時間及び労力を要するものです。かかる土地所有者の手続的負担は、越境した竹林の枝の切除という請求の内容に比

して過大なものであることから、越境する枝があっても、各手続を履践して枝を切除することを事実上困難にし、土地の円滑な利用の妨げになっているとの指摘がありました[1]。また、竹木の共有者が、枝を切除しようとしても、他の共有者の同意が得られない場合、枝の切除ができるか明確ではなく、竹木の円滑な管理が阻害されていました。

そこで、以下のとおり土地所有者は、竹木の枝をその所有者に切除させるという原則を維持しつつ、一定の場合には自ら枝を切除することができるとする改正がなされました。

2 概 要

（1）改正民法233条1項

改正前民法233条1項と同内容の規定であるが、枝の切除請求権の主体が「土地所有者」であることが明確になりました。

なお、相隣関係の規定は、地上権者にも準用されることから（民267条）、地上権者も枝の切除を請求することができます。

（2）改正民法233条2項

（A）改正の内容

土地所有者は、隣地の竹木の枝が境界線を越えるときは、その竹木の所有者に、その枝を切除させることができます（改正民233条1項）。この場合、竹木が数人の共有に属するときは、各共有者は、その枝を切り取ることができます（同条2項）。

ここで「各共有者は、その枝を切り取ることができる。」とは、越境する枝の切除を請求するにあたり、土地所有者は、竹木の共有者の一人に対して請求すれば足り、枝の切除を請求された共有者は、他の共有者の承諾を得ることなく、単独で枝を切除できることを意味しています[2]。

（B）改正の背景

共有されている竹木の枝の切除は、竹木の形状を変更する行為であり、

---

(1) 部会資料7・1頁、第4回議事録45頁〔福田関係官発言〕
(2) 部会資料46・6頁、部会資料59・4頁、第18回議事録33頁〔小田関係官発言〕

枝の切除が共有物の変更行為として、共有者全員の同意が必要になるとも考えられます。他方、共有者が竹木の枝を適切に管理していないことによって越境が生じているとの見方をすれば、越境する枝の切除は保存行為又は管理行為であるとも考えられます[3]。

そこで、法制審では、当初、越境する枝の切除を請求された竹木の共有者が、枝を切除するためには、他の共有者の承諾を得る必要があるか、あるとすれば全員の承諾が必要か、あるいは持分の価格の過半数を有する者の承諾で足りるかという視点から議論がなされました[4]。

ところで、土地所有者が竹木の共有者に対して越境する枝の切除を請求する場合、土地所有者は、竹木共有者に対して枝の切除請求訴訟を提起し、請求認容判決を得た上で、同判決を債務名義として強制執行を申立てなければなりませんでした。これは越境による土地所有権侵害に対する救済の手続としては、土地所有者に過大な手続的負担といえます。

以上の過大な手続的負担を軽減することで、土地所有者が越境する枝を切除することを容易にすることにより、土地利用の円滑化を図るべく、枝の切除の性質の議論とは切り離して、端的に、竹木が共有である場合には、共有者の一人に切除させることができることが規定されたのです[5]。

(3) 民法233条3項

(A) 改正の内容

民法233条3項は、以下の各号で、土地所有者が越境している枝を自ら切除することを認めました。

(a) 竹木の所有者に枝を切除するように催告したにもかかわらず、竹木の所有者が相当の期間内に切除しないとき（1号）。

土地所有者が催告することで、竹木の所有者自身に枝を切除する機会を与えたにもかかわらず、竹木の所有者が枝を切除しない場合には、竹木の所有者による枝の切除を期待することはできません。この場合、土地所有者による直接の枝の切除を認めることには具体的妥当性があります。また、

---

(3) 中間補足102頁、部会資料32・12頁
(4) 部会資料32・12頁
(5) 部会資料46・6頁、第18回議事録33頁〔小田関係官〕

土地所有者による直接の枝の切除を認めて手続的負担を軽くすることが、土地の管理を容易にし、土地の利用の円滑化に資することから、本号が規定されました。

なお、竹木が共有の場合、土地所有者は、基本的に共有者全員に対して枝を切除するよう催告することが必要とされます[6]。

(b) 竹木の所有者を知ることができず、又はその所在を知ることができないとき（2号）。

所有者不明の場合の特則です。所有者不明の場合、竹木の所有者による枝の切除を期待することはできず、上記(a)と同じく、土地所有者による直接の枝の切除を認めることに具体的妥当性があり、手続的負担を軽減することが、土地の利用の円滑化に資することから、本号が規定されました。

なお、一部の共有者を知ることができず、又はその所在を知ることができないときは、その一部の共有者との関係では、本号の規律が適用されるが、その他の共有者に対しては、本項1号が適用されます。

(c) 急迫の事情があるとき（3号）

通常の裁判手続による時間的余裕が無く、枝を切除する急迫の事情がある場合、上記(a)及び(b)の場合と異なり、竹木所有者による枝の切除が期待できないわけではありません。

しかし、急迫の事情が存在する以上、土地所有者が自らの権利を保全する手段として、土地所有者に直接の枝の切除を認める具体的妥当性があり、土地管理を容易にすることが、土地の利用の円滑化に資することから、本号が規定されました。

急迫の事情としては、例えば、地震によって破損した建物の修繕工事のための足場を組むために、隣地から越境した枝を切り取る必要がある場合等があります[7]。

(B) 枝の切除費用

土地所有者が、民法233条3項に基づいて自ら越境する枝を切除した場合、土地所有者と竹木の所有者のいずれが切除費用を負担するのかについ

---

(6) 部会資料59・4頁
(7) 補足説明101頁

ての規定は設けられませんでした。

　もっとも、枝が越境した状態は、土地所有者の権利を侵害した状態であることから、通常、不法行為が成立します。したがって、切除費用についての規定がないとしても、切除費用は、竹木の所有者の負担となる場合が多いと考えられます[8]。

3　実務への影響

　竹木の枝が越境した状態で放置されている場合に、裁判手続をとることなく、土地所有者が直接枝を切除できるようになったことで、土地の管理が容易になりました。

　他方、土地所有者が越境した枝を切除した場合、誰が切除費用を負担するべきか、切除した枝をどのように処理すべきか等の新たな問題が生じることになります。

　その意味で実務への影響は小さくありません。

4　施行期日

　本改正の施行日は、令和5年4月1日です。

（阪上　武仁）

---

(8)　森林の場合、越境の原因や経緯も含めてケース・バイ・ケースで費用負担の問題を処理しており、費用負担について一律の規定を設けるべきではないとの指摘がありました（第14回会議議事録50頁〔安髙関係官発言〕）。

Q5

電気、ガス又は水道水の供給設備等のいわゆるライフラインを引き込むことに関する法制度として、どのような規定が設けられたのでしょうか。

土地所有者が、継続的給付を受けるための設備を他の土地に設置し、又は他人が所有する設備を使用しなければ、継続的給付を受けることができない場合、一定の条件の下で、他の土地に設備を設置し、又は他人が所有する設備を使用することができることになりました（民213条の2第1項、以下「設備設置権」又は「設備使用権」という。）。

これによって生じる他の土地又は他人が所有する設備（以下「他の土地等」という。）の損害につき、土地所有者は、償金を支払わなければならないことが規定されました（同5項及び6項）。併せて、他人の設備を利用する場合、利益を受ける割合に応じて、設備の設置、改築、修繕及び維持に要する費用を負担しなければならない旨規定されました（同条7項）。

1　はじめに

電気、ガス又は水道水等を供給するための導管等の設備、いわゆるライフラインは、国民の生活にとって必須不可欠です。にもかかわらず、改正前民法には、公の水流又は下水道に至る排水のための低地の通水（民220条）、通水用工作物の使用（民221条）の各規定を除き、ライフラインを引き込むために他の土地等を使用することを直接認める規定はありませんでした。

そこで、改正前民法の下では、実務的には、隣地の使用請求（民209条）、公道に至るための他の土地の通行権（民210条）、排水のための低地通水（民220条）、通水用工作物の使用（民221条）、排水に関する受認義務（下水道11条）等の規定を類推適用することで、他の土地等の使用を認めてきました（最三小判平成14年10月15日民集56巻8号1791頁[1]）。しかし、上記の各条文のうち、どの条文が類推適用されるかは定まっていないことから、他

---

(1) 水道水の給水及び下水の排水につき、民法220条及び221条を類推して、他人が所有する給排水設備の使用を肯定しました。

の土地等を使用するための要件が明確ではなかったため、実務上、他の土地の所有者全員の承諾を得なければライフラインを引き込めないといった運用がなされる場合が多く、ライフラインを引き込めない土地の利用が阻害される状況がありました。

　そこで、他の土地等を使用する場合の要件及び効果について明文化することで、ライフラインの引込みの手続を明確化し、もって土地の利用を促進するべく、設備設置権及び設備使用権に関する規定が設けられました（改正民213条の2、同条の3）。

2　設備設置権及び設備使用権

（1）土地の所有者は、他の土地等を使用しなければ電気、ガス又は水道水の供給その他これらに類する継続的給付を受けることができないときは、継続的給付を受けるため必要な範囲内で、他の土地に設備を設置し、他人が所有する設備を使用することができます（改正民213条の2第1項）。

　同項の規定は、近隣の土地等の所有者間の権利関係を調整するものであり、他の土地等の所有者は、設備の設置等について受忍義務を負うことを規定したものです。

　「他の土地」は、隣地に限らず、「その土地を囲んでいる他の土地」（民210条1項）のような限定はありません。

（2）設備設置権及び設備使用権の対象となるライフラインには、例示されている電気、ガス又は水道のほか、電話やインターネット等の電気通信や下水道、排水管の設備などが「これらに類する」ものに含まれます[2]。

（3）設備設置権及び設備使用権は、継続的給付を受けようとする者に認められるものなので、継続的給付を行う事業者には認められません。

　例えば、電力会社が、高圧電線を通すための鉄塔を設置する場合などは本規定の対象ではありません[3]。

---

(2)　部会資料7・13頁
(3)　部会資料56・4頁

3　設備の設置等の場所及び方法

　土地の所有者が他の土地等を使用する権利を有する場合であっても、設備の設置や使用が他の土地を利用して行うものである以上、他の土地の権利を制限することになります。そこで、土地の所有者は、他の土地等のために損害が最も少ないものを選ばなければならないとされました（改正民213条の2第2項）。

4　事前通知義務

　他の土地に設備を設置し、又は他人が所有する設備を使用する者は、事前に、その目的、場所及び方法を他の土地の所有者及び他の土地を現に使用している者に通知しなければなりません（改正民213条の2第3項）。

　事前通知の相手方は、他の土地等の所有者及び他の土地を現に使用している者です。これは、設備設置権及び設備使用権が他の土地等の権利を制限するものであることに鑑み、他の土地等の所有者のほか、土地上の建物の賃借人等の現に土地を使用している者に対しても、事前通知を必要としたものです。

　目的、場所及び方法が事前通知の内容とされる理由は、事前通知を受けた者に、設備設置権及び設備使用権が成立するか及び他の土地等にとって損害が最も少ないものかを判断するための情報を与えるとともに、その受入れの準備をする機会を与えるためです[4]。

　なお、土地の所有者が事前通知をしたとしても、他の土地の所有者等が設備の設置等の工事を妨害する場合において、土地の所有者に自力実行をすることまでは認められません。かかる場合、土地の所有者は、工事を妨害している者に対し、妨害行為の差止めの認容判決を得た上で、同判決に基づく強制執行が必要になります[5]。

5　他の土地の使用権

　設備設置権及び設備使用権を有する者は、他の土地に設備を設置し、又は

---

(4)　部会資料56・4頁
(5)　部会資料51・4頁

他人が所有する設備を使用するために、当該他の土地等がある土地を使用することができます（改正民213条の2第4項）。

ライフラインを通すための設備を設置する土地は、隣地に限られないことから、隣地使用権（改正民209条）とは別に規律が設けられました[6]。

この場合、隣地使用権についての規定が準用されます（改正民213条の2第4項ただし書）。

6　他の土地に設備を設置する場合の償金支払義務

継続的給付を受けるための設備の設置は、他の土地に継続的に制限を加えることになるので、それによって生じる他の土地の損害との調整が必要です。

そこで、継続的給付を受けるための設備を他の土地に設置する場合、その土地の損害に対して償金を支払わなければならないとされました（改正民213条の2第5項）。

また、設置に際して他の土地を使用したことで生じる損害に対しても、償金を支払わなければならないとされました（改正民213条の2第5項の括弧書き、同第4項、209条4項）。

上記2つの償金については、支払方法に相違があります。すなわち、前者については、継続的な損害に対するものなので、償金の支払いを1年ごとの定期払の方法によることが認められます（改正民213条の2第5項）。これに対し、後者については、一時的に生じる損害に対するものなので、一時金として支払うことを要するとされました（改正民213条の2第4項、209条4項）[7]。

7　他人が所有する設備を使用する場合の償金支払義務及び費用負担義務

（1）継続的給付を受けるために他人が所有する設備を使用する場合、その設備の使用を開始するために生じた損害についての償金を支払わなければなりません（改正民213条の2第6項）。

設備の使用を開始するために生じた損害については、一時的に生じるもの

----

(6) 部会資料51・4頁
(7) 部会資料51・5頁

なので、一時金として支払うことを要します。

（2）また、他人が所有する設備を使用する者は、その使用によって利益を受けることから、利益を受ける割合に応じて、その設置、改築、修繕及び維持に要する費用を負担しなければなりません（改正民213条の2第7項）。

8　土地の分割又は一部譲渡の場合

（1）分割によって他の土地に設備を設置しなければ継続的給付を受けることができない土地が生じたときは、その土地の所有者は、継続的給付を受けるため、他の分割者の所有地のみに設備を設置することができます（改正民213条の3第1項本文）。

　このような規律は、土地の所有者がその土地の一部を譲り渡した場合にも準用されます（同条2項）。

（2）なお、土地の分割又は一部譲渡（以下「土地の分割等」という。）がされても、当該土地の既設の設備の所有権まで同時に譲渡されるとは限らないことから、土地の分割等により、直ちに設備設置権等が生じるとは限りません。

　もっとも、当該土地の既設の設備の所有権が、土地の分割等とともに譲渡されることにより、既設の設備を使用しなければ継続的給付を受けることができない土地が生じることはあり得ます。

　この場合、当該土地の所有者は、譲渡された当該設備が、その分割等がされた他方の土地上にある場合に限り、当該設備を使用することが損害の最も少ない方法となることから、ライフラインの引込みのためには当該設備を使用しなければならないことになります[8]。

（3）土地の分割等の場合、設備を設置する者は、設置に際して一時的に生じる損害についての償金支払義務はあるが、設置後に継続的に生じる損害についての償金支払義務はありません（改正民213条の3第1項ただし書）。

---

(8)　部会資料51・5頁

9 実務への影響

　従来、ライフラインを引き込むためには、他の土地の所有者全員の承諾が必要とされるなどしていた実務上の取扱いが、本改正により、事前通知で足りるとされたことで、手続的に緩和されたことになります。

　本改正により、従来であれば、ライフラインの引込みが難しかった土地についても、より容易にライフラインの引込みが可能となることから、実務に与える影響は大きいといえます。

10 施行期日

　本改正の施行日は、令和5年4月1日です。

（阪上　武仁）

◆共　　有

Q6
共有に関する規定が改正されましたが、その概要について教えてください。

A 共有者が他の共有者を知ることができないような場合に裁判により共有物に変更を加えたり管理に関する事項を決定することができる規定や、共有物の管理者に関する規定、所在等不明共有者の持分の取得や譲渡に関する規定が新設されました。

また、共有物の使用、変更、管理に関する規定や、裁判による共有物の分割に関する規定について、改正がされました。

共有に関する規定は、令和5年4月1日から施行されます。

1　共有に関する規定の改正の経緯

所有者不明土地については、相続等により共有状態となっていることが少なくありません。

ところで、改正前民法においては、①共有物の「変更」や「管理」に関する規律が設けられているものの（改正前民251条及び252条）、共有者の持分の価格の過半数の同意を得て行うことができる「管理」の内容が判然としない、②共有者の中に、氏名や住所が判明しない者や共有物の管理や変更について態度を明らかにしない者がいる場合、共有物の管理や変更に関する行為をすることに困難を生じる、③共有物の管理者に関する規定がないため、共有物を利用したり取得しようとする第三者は、共有者の全員を特定したうえで交渉しなければならず、負担が大きい、④共有は、単独所有に比べて迅速な意思決定が困難であり、共有状態の解消に支障をきたすことがある、といった、共有制度に起因した問題が生じていることが指摘されました[1]。

そこで、共有に関する規定を見なおす検討がなされ、改正がされることになりました。

なお、共有制度の見直しにあたっては、通常の共有と遺産共有との異同を踏まえて検討がされました。

---

(1)　部会資料1・4頁及び5頁

（1）共有物の使用、変更及び管理に関する規律の整備

　民法では、従前より、共有物の「使用」「変更」及び「管理」に関して、それぞれ、民法249条、251条及び252条に規定が置かれていますが、下記のとおり、規律を整備する改正がされました。

　まず、共有物の「使用」に関して、共有者は、①別段の合意がある場合を除き、他の共有者に対し、自己の持分を超える使用の対価を償還する義務を負うこと（改正民249条2項）と、②善良な管理者の注意をもって、共有物を使用しなければならないこと（同条3項）が明記されました（詳細はQ7参照）。

　次に、共有物の「変更」に関して、共有物の形状又は効用の著しい変更を伴わないものについては、管理行為として、共有者の持分の価格の過半数の同意を得て行うことができるようになりました（改正民251条1項）（詳細はQ8参照）。

　そして、共有物の「管理」に関して、①共有者間の決定に基づいて共有物を使用している者がいる場合において当該決定を変更することは、管理行為にあたり、共有者の持分の価格の過半数の同意で行うことができるものの、共有物を使用している者に特別の影響を及ぼすべきときは、その使用者の承諾を得なければならないこと（改正民252条3項）と、②管理行為として行うことができる賃借権その他の使用収益権の期間（同条4項）が明文化されました（詳細はQ9参照）。

（2）共有者の同意取得の方法に関する制度の新設（詳細はQ10参照）

　共有物の変更及び管理を行う場合において、共有者の一部について知ることができないときは、裁判所に申立てを行うことで、知ることができない共有者以外の共有者の同意を得て、共有物の変更及び管理を行うことができる制度が新設されました（改正民251条2項及び252条2項1号）。

　また、共有物の管理を行う場合において、共有者の一部が賛否を明らかにしないときは、裁判所に申し立てることで、賛否を明らかにしない共有者以外の共有者の同意を得て、共有物の管理を行うことができる制度が新設され

ました（改正民252条2項2号）。

（3）共有物の管理者に関する制度の新設（詳細はQ13参照）

　共有物を円滑に管理することができるようにするため、共有物の管理者に関する制度が新設されました（改正民252条の2）。

　共有物の管理者は、共有者の持分の価格の過半数の同意によって選任又は解任され（改正民252条1項括弧書）、共有物の管理に関する行為をすることができますが（改正民252条の2第1項）、共有者が共有物の管理に関する事項を決定したときは、管理者はその決定にしたがって職務を行う必要があります（同条第3項）。この決定に反して行った管理者の行為は、共有者に対してはその効力を生じませんが、共有者は、善意の第三者に対しては、違反行為であることを対抗することができません（同条第4項）。

（4）共有状態の解消を促進する制度の改正

　共有状態の解消を促進するため、以下のとおり、規律を整備する改正がされました。

　まず、共有物分割訴訟に関して、いわゆる全面的価格賠償を認めた判例法理が明文化されました（改正民258条2項）（詳細はQ14参照）。

　次に、所在等不明共有者[2]がいる場合に、裁判所に申し立てて、当該所在等不明共有者の持分を取得したり、その持分を含めて共有物全体を第三者に譲渡したりすることができる制度が新設されました（改正民262条の2及び262条の3）（詳細はQ16〜19参照）。

　そして、共有物の全部又はその持分が相続財産に属する場合において、相続開始の時から10年を経過したときは、相続財産に属する共有物の全部又はその持分について、共有物分割訴訟により分割することができることとなりました（改正民258条の2）（詳細はQ20参照）。

---

(2) 共有者が他の共有者を知ることができず、又はその所在を知ることができない場合における、当該他の共有者のこと（改正民262条の2第1項参照）。

3 共有の制度の規律の適用について

（1）遺産共有への適用

　相続財産の共有は、民法249条以下に規定する共有（遺産共有と対比して「通常の共有」と呼ばれることがあります[3]。）とその性質を異にするものではないとされており（最判昭和30年5月31日民集9巻6号793頁）、遺産共有状態にある相続財産（民898条）についても、法令に別段の定めがあるときを除き、通常の共有に関する規律が適用されます。

（2）財産の種類による限定

　共有の規定は、共有不動産に限らず、共有の動産にも適用されます。

　また、共有の規定は、法令に別段の定めがあるときを除き、所有権以外の物権（地上権や抵当権など）、債権、株式[4]などの財産権を数人で有する場合（いわゆる準共有）についても適用されます（改正民264条）。ただし、準共有の場合は、所在等不明共有者がいるときに、裁判所に申し立て、当該所在等不明共有者の持分を取得したり、その持分を含めて共有物全体を第三者に譲渡したりすることができる制度（改正民262条の2及び262条の3）については、適用されません（改正民264条本文括弧書）。

4 施 行 期 日

　共有に関する規定は、令和5年4月1日から施行されます。

（余田　博史）

---

(3) 中間補足1頁

(4) 株式が共同相続された場合、相続分に応じて当然分割されることはなく、共同相続人が準共有することになります（最判昭和45年1月22日民集24巻1号1頁）。

Q7

共有物の使用について、どのような改正がされたのでしょうか。

A

共有者は、善良な管理者の注意をもって共有物の使用をしなければならず、別段の合意がある場合を除き、他の共有者に対して、自己の持分を超える使用の対価を償還する義務を負うという規定が設けられました。

1 改正の概要

改正前民法では、共有物の使用に関して、「各共有者は、共有物の全部について、その持分に応じた使用をすることができる」(改正前民249条) との規定を置くのみでした。共有物を使用する者が他の共有者に対してどのような義務を負うのかについて、具体的な規律は設けられておらず、その内容は必ずしも明らかではありませんでした。

しかしながら、共有物の円滑な利用の観点から、共有物を使用する者と他の共有者の関係に関する規律を明確化することが望ましいと考えられました。

そこで、共有物の使用に関して、以下のとおり、善管注意義務と対価の償還義務についての規定が設けられることになりました。

2 善管注意義務 (改正民法249条3項)

(1) 改正の内容

共有物を使用している共有者は、他の共有者の持分との関係では、他人の物を管理しているといえますので、善良な管理者の注意をもって共有物を保存する必要があると考えられます[1]。

そのため、改正民法において、共有物を使用している共有者は、善良な管理者の注意をもって共有物の使用をしなければならないという規定が設けられました (改正民249条3項)。共有物を使用する共有者がこの義務に違反し、共有物を滅失あるいは損傷させたときは、共有者間の善管注意義務違反の債務不履行に基づく損害賠償請求や、共有持分権侵害の不法行為に基づく

---

(1) 中間補足16頁

損害賠償請求によって解決されることになると考えられます[2]。

（2）遺産共有との関係

遺産共有の場合も、通常の共有の規定が適用されますが、共同相続人が遺産を占有する場合に限り、改正民法249条3項に基づき、善管注意義務を負います。

ただし、相続人が相続の承認又は放棄をするまでの間は、その固有財産におけるのと同一の注意をもって相続財産を管理することで足り（民918条）、限定承認した者や共同相続の場合の相続財産の清算人についても同様です（民926条1項、936条3項）。他方、相続放棄をした場合は、放棄の時に相続財産を現に占有していたときに限り、相続人又は相続財産の清算人に対して財産を引き渡すまでの間、自己の財産におけるのと同一の注意をもって財産を保存しなければなりません（改正民940条1項）。民法918条や改正民法940条1項の規定は、改正民法249条3項に対する特別の規定と位置付けられます[3]。

3	対価の償還義務（改正民法249条2項）

（1）改正の内容

判例によれば、特段の定めなく共有物を使用する共有者は、他の共有者に対して賃料相当額の不当利得返還義務又は損害賠償義務を負うとされています（最判平成12年4月7日集民198号1頁）。ただし、この判例は、共有物の使用方法について特段の定めのない事例であって、共有者間で共有物の使用について定めた場合にもこの規律が適用されるかどうかについては、必ずしも明らかではありませんでした[4]。

共有者は、その持分に応じて共有物を使用することができますが（改正民249条1項）、共有者の一人が共有物を単独で使用した場合、他の共有者は収益権を侵害されているといえます。

そこで、改正民法において、共有物を使用する共有者は、別段の合意がある場合を除き、他の共有者に対して、自己の持分を超える使用の対価を償還

---

(2) 部会資料40・7頁

(3) 部会資料42・10頁

(4) 中間補足15頁

する義務を負うとする規定が設けられました（改正民249条2項）。

（2）一部の共有者間における合意

　一部の共有者の間においてのみ別段の合意がある場合は、合意をしていない他の共有者との関係では「別段の合意」がないということになりますので、当該他の共有者に対して使用の対価を償還する義務を負うということになります[5]。例えば、A、B及びCが共有する不動産について、A及びBが、無償でDに使用させることを定めた場合は、A及びBが当該共有物を利用していることと実質的に同じであるといえますので、A及びBがCに対して利用料相当額を支払うことになります[6]。

（3）無償使用の合意

　共有者間で、無償使用の合意をすることは可能で、この場合は、使用者に対価の償還義務は発生しません。

　ところで、共同相続人の一人が相続開始前から被相続人の許諾を得て遺産である建物において被相続人と同居してきたときは、特段の事情のない限り、被相続人とその同居相続人との間において、被相続人が死亡した後も、遺産分割により建物の所有関係が確定するまでの間は、同居相続人に無償で使用させる旨の合意があったものと推認されるとして、他の相続人からの賃料相当額の不当利得返還請求を認めた原審判決を破棄した判例（最判平成8年12月17日民集50巻10号2778頁）や、内縁の夫婦が共有不動産を住居又は共同事業のために共同で使用してきたときは、特段の事情のない限り、両者の間において、その一方が死亡した後は他方が共有不動産を単独で使用する旨の合意が成立していたものと推認できるとして、死亡した内縁の夫の相続人からの賃料相当額の不当利得返還請求を認めた原審判決を破棄した判例（最判平成10年2月26日民集52巻1号255頁）があります。

　これらの判例のように、不動産の使用に関して、被相続人と同居人との間で無償使用の合意（使用貸借契約）が認められる場合があります。そして、この場合、被相続人の死亡により、貸主たる地位が相続によって被相続人か

---

(5) 部会資料27・13頁
(6) 中間補足15頁

ら相続人に承継されるため、相続人は、使用貸借契約が継続中は、被相続人の生前から共有不動産を使用している者に対して、対価の償還を請求することはできないということになります。

　共有物を使用する者が他の共有者に対して負う義務が明文化されたことにより、共有者間の権利関係が明確になったといえます。

　なお、無償使用の合意がある場合は、使用者に対価の償還義務は生じませんが、この合意は明示に限られません。上記**3**の判例のように、無償使用の合意が推認されるケースもあります。そして、相続によって無償使用の合意が承継された場合は、貸主たる地位を承継した相続人は、無償使用の合意が継続する限りは、共有物を使用している者に対して対価の償還を請求できないことになります。共有物を使用している者に対価の償還を請求できるかどうかは、事案に即して判断する必要があります。

（余田　博史）

Q8
共有物の変更について、どのような改正がされたのでしょうか。

A
共有物の形状又は効用について著しい変更を伴わない行為は、共有者の持分の価格の過半数で決することができることになりました。

　また、他の共有者を知ることができず、又はその所在を知ることができないときは、共有者の請求による非訟手続により、その所在等不明共有者以外の他の共有者の同意を得て、共有物に変更を加えることができることになりました。

1　改正の背景

（1）変更行為と管理行為の区別が不明確であったこと

　改正前民法においては、共有物の変更及び管理に関して、次のように規定していました。

① 　共有物の変更行為については、共有者全員の同意を要する（改正前民251条）。

② 　共有物の保存行為については、各共有者が単独ですることができる（改正前民252条但書）。

③ 　共有物の変更行為及び保存行為を除く共有物の管理行為については、各共有者の持分の価格の過半数で決する（改正前民252条本文）。

　上記③の管理行為とは、共有物の性質を変えない範囲内において、その利用又は改良を目的とする行為（民103条2号参照）、上記②の保存行為とは、財産の現状を維持する行為、上記①の変更行為とは、管理の範囲を超えてその性質を変える行為、とされています（小粥太郎編『新注釈民法(5)物権(2)』（有斐閣、2020年）569頁、572頁及び573頁〔小粥太郎〕）。

　ところで、改正前民法では、変更行為の内容が定められておらず、具体的な場面において、上記①の変更行為に該当するのか、あるいは上記③の管理行為に該当するのか明確ではない場合があり、このようなときには、実務上、慎重を期すために、共有者全員の同意をとるほかないとの指摘がなされていました。また、改正前民法の解釈において、変更行為に該当すると考えられ

ているものであっても、共有者全員の同意までは必要ではなく、共有者の持分の価格の過半数で決定することができる行為もあるのではないか、との指摘もされていました[1]。

そこで、民法に規定する共有物の変更行為の内容について見直しがされることになりました（次頁**2**）。

（2）一部の共有者が不明等であることによる同意取得の困難

上記のとおり、共有物の変更行為については、共有者全員の同意が必要です。そのため、改正前民法のもとでは、一部の共有者について、氏名や名称を知ることができなかったり、所在を知ることができない場合には、それ以外の共有者全員が変更行為について同意をしていても、変更行為をすることができませんでした。

改正前民法のもとでは、一部の共有者の所在を知ることができない場合は、当該共有者について不在者財産管理人の選任を申し立て、選任された不在者財産管理人の同意を得て変更行為を行う必要がありましたが、手続が迂遠でした。また、一部の共有者について、氏名や名称を知ることができないときは、不在者財産管理人の選任を申し立てることができず、変更行為をすること自体ができませんでした。このように、一部の共有者について、氏名や名称を知ることができなかったり、所在を知ることができない場合、共有物の変更に関する事項を定めようとしても、円滑に行うことができず、共有物の利用等に支障が生じることが指摘されていました[2]。他方で、所在が不明であるため賛否を問うことができない共有者については、一般的に、共有物を利用しておらず、共有物の利用行為については特に利害や関心等がないと考えられます。そのため、変更行為の当否の判断を他の共有者の判断に委ねることとしても、所在が不明である共有者の合理的な意思に反することは通常はないと考えられます。

そこで、一部の共有者について、氏名や名称を知ることができなかったり、所在を知ることができない場合において、共有物の変更行為を円滑に実施することができる制度が設けられることになりました（次頁**3**）。

---

(1) 中間補足 3 頁
(2) 中間補足 12 頁

2 変更行為のうち全員の同意が不要な行為の明文化

改正民法では、共有物の変更行為のうち、共有物の形状又は効用について著しい変更を伴わない場合については、共有者全員の同意を得る必要はなく、共有者の持分の価格の過半数で決することができることになりました（改正民251条1項括弧書及び252条1項）[3]。共有物の形状又は効用について著しい変更を伴わない場合は、客観的に共有者に与える影響が軽微であるとの考え方に基づくものです[4]。

改正民法251条1項括弧書の「その形状又は効用の著しい変更を伴わないものを除く。」という文言は、建物の区分所有等に関する法律17条1項の共用部分の変更に関する規定の括弧書と同じ文言であり、この規定を参考にして改正民法の規定がされたものと考えられます。そこで、「形状又は効用について著しい変更を伴わないもの」とはどのようなものであるのかについては、建物の区分所有等に関する法律17条1項に関する裁判例が参考になると思われます。

なお、少数持分権者を協議に参加させずに過半数の持分権者だけで決しうるのか、議論がありますが、今回の改正では明確化されませんでした。

3 所在等不明の共有者がいる場合の共有物の変更に関する裁判

改正民法において、他の共有者を知ることができず、又はその所在を知ることができないときは、共有者の請求による非訟手続により、その所在等不明共有者以外の他の共有者の同意を得て、共有物に変更を加えることができることになりました（改正民251条2項）。

その具体的な手続については、Q10を参照してください。

その具体的な手続については、Q10を参照してください。

---

(3) 法制審では、当初、各共有者の持分の価格の過半数で決することができるものとして「共有物の改良を目的とし、かつ、著しく多額の費用を要しないもの」としていましたが（部会資料27・1頁、部会資料40・1頁）、「共有物の改良を目的とし」という要件に関して、客観的に価値を高めるものでない行為についても過半数により決定できるようにすべきであるという意見や、「著しく多額の費用を要しない」という要件に関して、その内容が不明確であり、費用という切り口による限定をすべきではないという意見があったことから、最終的に、「その形状又は効用の著しい変更を伴わないもの」とされました（部会資料51・6頁）。

(4) 部会資料51・6頁

4 　共有物の処分について

　改正前民法では、共有物の「処分」についての規定を置いていません。

　共有物を事実的に処分すること（例えば、共有となっている建物を取り壊すこと）は、共有物の変更にあたるため、従前より、改正前民法251条の規定により共有者全員の同意が必要とされており、この点は、改正民法でも変更はありません（改正民251条1項）。

　他方で、共有物を法律的に処分すること（例えば、売却したり、抵当権を設定すること）については、従前より、改正前民法251条の「変更」に該当するため共有者全員の同意が必要とする見解と、改正前民法251条の「変更」には該当しないが全員の持分権の処分に当たるから当然に全員の同意が必要であるという見解があります（前掲・『新注釈民法(5)物権(2)』570頁）。

　法制審においては、中間試案の段階において、共有物の処分行為とされている行為について、共有者全員の同意を得なければすることができないことを明確にするため、共有物の変更とは別に規定を設けることを検討するとされました[5]。しかしながら、共有物全体について売却や抵当権の設定等の処分をするためには、上記いずれの見解をとろうとも、全共有者の同意が必要であることは当然のことであり、共有物の処分に関する規律を明確化する必要性は乏しいとして、共有物の処分について明文化することは見送られ[6]、条文（改正民251条1項）の「変更」に法律上の処分が含まれるか否かは、引き続き解釈に委ねられるものとされました[7]。

5 　実務への影響

　変更行為のうち、共有物の形状又は効用について著しい変更を伴わない行為については、共有者の持分の価格の過半数で決することができるようになりました。しかしながら、「共有物の形状又は効用について著しい変更を伴わない」行為がどのようなものか、必ずしも明確ではありませんので、裁判例等の事例の集積が待たれます。　　　　　　　　　　　　　　　（余田　博史）

---

(5) 中間補足2頁の（注1）及び7頁
(6) 部会資料27・2頁
(7) 部会資料40・1頁

Q9　共有物の管理について、どのような改正がされたのでしょうか。

A 　他の共有者を知ることができず、又はその所在を知ることができないときや、他の共有者が管理についての賛否を明らかにしないときは、共有者の請求による非訟手続により、その所在等不明共有者や賛否を明らかにしない共有者以外の共有者の持分の価格の過半数で、共有物の管理に関する事項を決定することができることになりました。

　また、共有物を使用する共有者がいる場合であっても、各共有者の持分の価格の過半数で共有物の管理に関する事項を決定することができるものとされましたが、その決定によって、それ以前の決定に基づき共有物を使用する共有者に対して特別の影響を及ぼすことになるときは、当該共有者の承諾を得なければならないとされました。

　そして、賃借権その他の使用及び収益を目的とする権利の設定に関する規定が新設されました。

1　改正の背景と改正法の内容

（1）所在不明等の共有者がいる場合の共有物の管理に関する裁判

（A）改正の背景

　共有物の管理行為については、各共有者の持分の価格の過半数で決する必要があります（改正前民252条。なお、改正民252条1項）。

　そのため、一部の共有者について氏名や名称を知ることができないときや、一部の共有者の所在を知ることができないときは、Q8で述べたとおり、共有物の管理に関する事項を定めようとしても、円滑に行うことができない場合があります。一部の共有者が管理についての賛否を明らかにしない場合も、同様に、共有物の管理について支障が生じることがあります。

　他方で、所在が不明であるため賛否を問うことができない共有者や、催告を受けながら、その賛否を明らかにしない共有者については、一般的に、共有物を利用しておらず、共有物の利用行為については特に利害や関心がないと考えられます。そのため、管理行為の当否の判断を他の共有者の判

断に委ねることとしても、所在が不明である共有者や管理についての賛否の意思を明らかにしない共有者の合理的な意思に反することもないと考えられます。

（B）改正法の内容

そこで、改正民法において、他の共有者を知ることができず、又はその所在を知ることができないときや、他の共有者が管理についての催告を受けながら期限内に賛否を明らかにしないときは、共有者の請求による非訟手続を通して、その所在等不明共有者や賛否を明らかにしない共有者以外の共有者の持分の価格の過半数で、共有物の管理に関する事項を決定することができる制度が設けられることになりました（改正民252条2項）。

その具体的な手続については、Q10を参照してください。

（2）共有物を使用する共有者がいる場合の共有物の管理に関する事項の決定の明文化

（A）改正の背景

共有物の管理については、共有者の持分の価格の過半数で決定することができます。

ところで、改正前民法の下においては、特段の定めなく共有物を使用している共有者がいる場合は、共有物を現に使用している者の同意なくその者の利益を奪うことは相当ではないことを理由に、共有物の管理について定めるにはすべての共有者の同意を得なければならないとする見解が有力とされていました。

しかし、共有者間の定めがないにもかかわらず共有物を使用する共有者を保護する必要性が高いとはいえません。また、共有物の管理に関する事項の定めは、本来であれば、共有者の持分の価格の過半数で決することができるはずですが、共有物を使用する共有者がいることで、共有者全員の同意がなければ共有物の管理に関する事項を定めることができないとすると、共有物の利用方法が硬直化することにもなります。

(B) 改正法の内容

そこで、改正民法において、共有物を使用する共有者がいる場合であっても、改正民法251条1項所定の変更を加えるときを除いて、各共有者の持分の価格の過半数で共有物の管理に関する事項を決定することができることとされました（改正民252条1項後段）。

ただし、この決定によって、それ以前の共有者間の決定に基づき共有物を使用している共有者に対して特別の影響を及ぼすことになるときは、共有物を使用している当該共有者の承諾を得る必要があります（改正民252条3項）。

詳細については、Q11を参照してください。

（3）賃借権その他の使用及び収益を目的とする権利の設定

(A) 改正の背景

共有物に使用権を設定することについては、基本的には共有者の持分の価格の過半数で決することができると解されています（最判昭和39年1月23日集民71号275頁）。

しかしながら、使用権の存続期間が長期間となると、共有者による目的物の使用、収益等が長期間にわたって制約されることになり、共有者の負担が大きくなります。下級審の裁判例の中には、目的物が共有物である場合において、共有者の一部だけで管理行為として賃貸借契約を締結する場合は、処分権限を有しない者による契約に当たるとして、賃貸期間が民法602条所定の期間を超えることは許されないとするものがあります（東京高判昭和50年9月29日判時805号67頁）。

どのような利用権の設定行為であれば、共有者の持分の価格の過半数で決することができるのかを明らかにすることは、円滑な不動産の利用を図るにあたって重要であることから、使用権に関する規律が設けられることになりました。

(B) 改正法の内容

共有者は、各共有者の持分の価格の過半数の決定で、共有物に対し、一定の期間内の賃借権その他の使用及び収益を目的とする権利を設定できる

という規律が設けられました（改正民252条4項）。

詳細については、Q12を参照してください。

2　一部の共有者が管理に反対した場合の契約関係

一部の共有者が管理に反対したものの、共有者の持分の価格の過半数の決定で短期の賃借権の設定が行われた場合の契約関係は、次のようになると考えられます。

例えば、土地の共有者A、B及びCが各3分の1の持分を有しており、当該土地をDに駐車場として3年間賃貸することとした場合において、Cが反対したものの、A及びBが賛成をしてDと賃貸借契約を締結したときは、契約の当事者は、A、B及びDであり、Cは契約当事者にはなりません。ただし、Cは、A及びBが締結した賃貸借契約を否定することはできないということになります[1]。Cとしては、A及びBに対し、改正民法249条2項に基づき、A及びBの持分を超える使用の対価を償還するよう請求することになります。

（余田　博史）

---

(1) 部会第17回会議議事録28頁（大谷幹事発言）

Q10

一部の共有者が所在不明な場合や共有物の管理について賛否を明らかにしない場合において、その他の共有者の同意を得て共有物の管理や変更をする手続の内容について、教えてください。

A 共有物の管理については、共有物の所在地を管轄する地方裁判所に申立てを行い、裁判所が1か月以上の期間を定めて公告（一部の共有者が所在不明の場合）又は通知（一部の共有者が賛否を明らかにない場合）をし、期間内に異議の申出等がされない場合、所在等不明共有者あるいは賛否を明らかにしない共有者以外の共有者の持分の価格に従い、その過半数で共有物の管理に関する事項を決することができるとの決定がされます。

　なお、共有物の変更については、一部の共有者が所在等不明の場合は上記と同様の手続により他の共有者の同意を得て共有物の変更をすることができますが、一部の共有者が賛否を明らかにしない場合は、変更に関して共有者全員の同意があるとはいえないことから、上記と同様の手続をとって共有物の変更をすることはできません。

1 共有者の一部が所在不明な場合などにおける共有物の変更又は管理に関する裁判の手続の概要

（1）共有者の一部を知ることができず、又はその所在を知ることができないときの共有物の変更又は管理に関する裁判の手続

（A）共有者による申立て

　共有者は、共有者の一部について知ることができず、又はその所在を知ることができないとき（なお、知ることができず、又はその所在を知ることができない共有者のことを、「所在等不明共有者」といいます。改正民法262条の2第1項参照）は、共有物の所在地を管轄する地方裁判所（改正非訟85条1項1号）に対して、①所在等不明共有者以外の他の共有者の同意を得て共有物に変更を加えることができる旨の裁判（共有物の変更の場合）、あるいは、②所在等不明共有者以外の共有者の持分の価格に従い、その過半数で共有物の管理に関する事項を決することができる旨の裁判（共

有物の管理の場合）を求める申立てを行います（改正民251条2項、252条2項1号）。所在等不明共有者を被告として訴えを提起するものではありません。

「共有者を知ることができず、又はその所在を知ることができないとき」とは、必要な調査を尽くしても、共有者の氏名又は名称やその所在を知ることができないときをいいます[1]。

この申立てをするにあたっては、共有者の所在の調査が必要ですが、所在不明というためにはどの程度の調査まで必要なのかについては、明文の定めはありません。

そのため、裁判所が事案に応じて判断することになると思われますが、通常の訴訟における被告の所在調査と同様の調査を行うことになると考えられます。例えば、対象となる共有財産が不動産であり、共有者が自然人である場合は、所在を知ることができないという要件を満たすためには、少なくとも、不動産登記簿謄本上及び住民票上の住所に居住していないかどうかを調査することが必要であり、共有者が死亡している場合には、戸籍を調査して、その戸籍の調査によって判明した相続人の住民票上の住所を調査することが必要であると考えられます。また、共有者が法人である場合は、本店（主たる事務所）が判明せず、代表者の住所も知ることができない場合（具体的には、代表者が法人の登記簿謄本上及び住民票上の住所に居住していないかどうかを確認することになると考えられます。）や、本店（主たる事務所）が判明するかどうかにかかわらず、代表者が存在しない場合（具体的には、法人の登記簿上の代表者が死亡している場合が考えられます。）に、所在等不明であるということになると考えられます[2]。

(B) 裁判所による公告

上記(A)の申立てがあった場合、裁判所は、次の事項を公告する必要があります（改正非訟85条2項）。

　(a) 共有物の変更又は管理に関する裁判を求める申立てがあったこと（同条同項1号）。

---

(1) 中間補足11頁
(2) 部会資料30・7頁及び8頁、部会資料56・9頁及び10頁

(b) 裁判所が共有物の変更又は管理に関する裁判をすることについて異議がある所在等不明共有者は、一定の期間（1か月以上の期間）内に、異議がある旨の届出をすべきこと（同条同項2号）。

(c) 上記(b)の届出がないときは、共有物の変更又は管理に関する裁判をすること（同条同項3号）。

(C) 裁判所による裁判

　裁判所は、所在等不明共有者から異議がある旨の届出がされなければ、共有物の変更又は管理に関する裁判をすることになります。

　所在等不明共有者から異議がある場合についての規律は、下記（2）の場合とは異なり（同条4項参照）、特に設けられていませんが、異議が述べられたときは、共有者の所在等が明らかではないことという要件を欠くことが明らかになるため、裁判をすることができないということになります。

　なお、共有に関する非訟事件においては、検察官の関与の規定（非訟40条）は適用されません（改正非訟89条）。

(D) 効力など

(a) 効力の発生時期

　　共有物の変更又は管理に関する裁判は、確定しなければ、効力を生じません（改正非訟85条5項）。

　　また、共有物の変更又は管理に関する裁判は、所在等不明共有者に対して告知することは必要ないとされています（同条6項）。

(b) 形成力

　　上記(C)の裁判は決定でされ、既判力はないものの、形成力があると解されます。すなわち、裁判所の決定により、所在等不明共有者以外の共有者全員の同意又は共有者の持分の価格の過半数の決定によって共有物の変更又は管理をすることができるとの法律関係が形成されることになると解されます。

　　却下決定に対しては申立人だけが即時抗告をできます。認容決定に対する不服申立て方法としては、決定の効力が生じたときから2週間以内に即時抗告を申し立てる（改正非訟66条及び67条）ことのほか、

再審（同法83条）が考えられます。

　なお、上記不服申立て方法による決定の取消しがないままの状態で、別途、訴訟を提起して、決定の効力を争って決定の形成力を否定することはできないと解されます。他方で、申立人が共有者でなかったような場合には、共有者全員（変更の場合）あるいは共有者の持分の価格の過半数（管理の場合）の同意を得ていないとして、共有者の同意による変更又は管理それ自体の効力を訴訟で争うことは否定されないと考えられます[(3)]。

（2）共有者の一部が管理に関する事項を決することについて賛否を明らかにしないときの共有物の管理に関する裁判の手続

（A）共有者による申立て

　共有者は、他の共有者に対して、相当の期間を定めて共有物の管理に関する事項を決することについて賛否を明らかにすべき旨を催告し、当該他の共有者がその期間内に賛否を明らかにしないときは、共有物の所在地を管轄する地方裁判所（改正非訟85条1項2号）に対して、賛否を明らかにしない当該他の共有者以外の共有者の持分の価格に従い、その過半数で共有物の管理に関する事項を決することができる旨の裁判を求める申立てを行います（改正民252条2項2号）。

　ここでいう「相当の期間」について、明文で具体的な期間の定めはありませんが、基本的には返答に応じることを検討するための期間であり、2週間程度を要するものと考えられます[(4)]。

（B）裁判所による催告

　上記（A）の申立てがあった場合、裁判所は、次の事項を上記（A）の他の共有者に通知する必要があります（改正非訟85条3項）。

（a）共有物の管理に関する裁判を求める申立てがあったこと（同条同項1号）。

（b）上記（A）の他の共有者は、裁判所に対して、一定の期間（1か月以

---

(3) 部会資料41・5頁及び6頁
(4) 部会資料56・8頁

50　　　共　　　有

上の期間）内に、共有物の管理に関する事項を決することについて賛否を明らかにすべきこと（同条同項2号）。

(c) 上記(b)の期間内に上記(A)の他の共有者が裁判所に対して共有物の管理に関する事項を決することについて賛否を明らかにしないときは、共有物の管理に関する裁判をすること（同条同項3号）。

(C) 裁判所による裁判

　裁判所は、上記(A)の他の共有者が、上記(B)(b)の期間内に裁判所に対して共有物の管理に関する事項を決することについて賛否を明らかにしないときは、共有物の管理に関する裁判をすることになります（改正非訟85条4項参照）。

　この裁判でも検察官関与が除外されているのは、（1）の裁判と同様です。

(D) 効力など

　裁判の効力については、（1）(D)と同じです。

　なお、催告されて賛否を明らかにしなかった他の共有者に対しては、裁判の告知を省略できません（同法同条6項参照）。

2　上記（2）の申立てにおいて共有者の所在が不明であることが明らかになった場合

　仮に、賛否を明らかにしない共有者がいる場合の裁判の申立てをしたものの、実際には、その共有者の所在が不明であった場合（例えば、事前に共有者から他の共有者に対して催告書を送付し、賛否の連絡がなかったため申立てをしたものの、実際には居住していなかったことが判明した場合などが考えられます。）は、賛否を明らかにしない共有者がいる場合の裁判の申立てを、所在等不明共有者がいる場合の裁判の申立てに変更したうえで（非訟44条）、通常の訴訟における公示送達をするかどうかの調査と同様に、その所在が不明であるかどうかを調査することになると考えられます[5]。

---

(5) 部会資料56・10頁

3　共有者を知ることができない場合の裁判の手続の利用

　共有者を知ることができない場合としては、そもそも、不特定共有者の数やその持分も不明であり、その結果、判明している共有者の持分も不明ということがあり得ます。

　このようなときは、同意をした共有者の持分の価格等が判明しないため、不特定共有者以外の共有者の持分の価格の過半数を立証することができず、実際の利用は難しいと考えられます。

　共有物が不動産である場合にこのようなケースが生じたときは、不特定共有者の持分を他の共有者等が取得して共有関係の解消を図るか、不特定共有者の持分に関して所有者不明土地管理人の選任を受けたうえで、共有関係の解消を図るなどして、対処することになると考えられます[6]。

4　裁判の対象

（1）対象となる共有物

　対象となる共有物は、不動産に限られません。

　例えば、株式の共有の場合、株式について権利行使者を一人定めて株式会社に通知しなければ、株式について権利を行使することができません（会社106条本文）。株式についての権利行使は、共有物の管理行為に該当しますので（最判平成27年2月19日民集69巻1号25頁）、一部の共有者が所在等不明あるいは共有物の管理について賛否を明らかにしない場合、共有物の管理に関する裁判の手続を利用して、株式の権利行使者を定めることができます。

（2）対象となる行為

　対象となる行為には、持分の喪失をもたらす行為（持分の譲渡、抵当権設定等）は含まれないとされています[7]。共有持分の対価の支払を確保しないまま、共有持分を喪失させることを認めるのは妥当ではないからです。

　共有持分の喪失をもたらす行為については、所在等不明共有者の持分の取得等の制度（Q16～19参照）によることとなります。

(6)　部会資料30・7頁
(7)　部会資料51・9頁

5　実務への影響

　共有者の一部が所在不明の場合でも、非訟手続により、他の共有者の同意を得て共有物の変更をしたり、他の共有者の持分の価格の過半数の同意を得て共有物の管理を行うことができます。また、共有者の一部が管理について賛否を明らかにしない場合でも、非訟手続により、他の共有者の持分の価格の過半数の同意を得て共有物の管理を行うことができます。なお、共有者の一部が変更について賛否を明らかにしない場合は、軽微な変更であるときを除き、共有物の変更について共有者全員の同意があるとはいえないことから、非訟手続によって共有物を変更するということはできません。

　非訟事件としての裁判手続が新設されたことから、共有物の管理や変更を円滑に実施することができるようになりました。ただし、非訟手続といえども一定の手間がかかることや、共有者を知ることができない場合は利用が困難と考えられることなど、検討すべき課題もあるため、この手続を利用する場合には注意が必要です。

6　施行期日

　本改正は、令和5年4月1日から施行されます。

（余田　博史）

Q11

共有物を使用する共有者がいる場合において、その共有者の承諾を得ることなく、共有者の持分の価格の過半数をもって、共有物の管理に関する事項を定めることができるのでしょうか。

A できます。ただし、共有者の持分の価格の過半数によって決定された管理に関する事項に基づいて共有物を使用をしている共有者がいる場合で、新たに共有物の管理に関する事項を定めることでその共有者に特別の影響を与えるときは、その共有者の承諾を得る必要があります。

1 改正前の規律

　共有物の管理については、共有者の持分の価格の過半数で決定することができます。

　しかしながら、改正前民法の下では、特段の定めなく共有物を使用している共有者がいる場合は、共有物を現に使用している者の同意なくその者の利益を奪うことは相当ではないことを理由に、共有物の管理について定めるにはすべての共有者の同意を得なければならないとする見解が有力とされていました。また、共有物の持分の価格が過半数を超える者であっても、共有物を単独で占有する他の共有者に対し、当然には、その占有する共有物の引渡しを請求することができないとした判例もあります（最判昭和41年5月19日民集20巻5号947頁）。

　改正前民法の下では、例えば、A、B及びCの3人が土地について3分の1ずつの共有持分を有しており、Aだけが特段の定めなく土地を使用している場合（事例1）に、共有物の管理に関する事項を定める（例えば、当該土地をBに使用させる）ためには、すべての共有者の同意を得なければならないとする見解が有力でした。本来であれば、共有物の持分の価格の過半数で決することができるため、B及びCの同意によって、土地の使用者をBとすることができるのですが、共有物を現に使用するAの同意なくその利益を奪うことは相当ではないというのが、すべての共有者の同意が必要とされた理由です。

また、A、B及びCの3人が土地について3分の1ずつの共有持分を有しており、いったんAのみが当該土地を使用できると定めていた場合（事例2）に、土地をBに使用させるとすることについても、上記事例1と同様、Aの利益の保護のため、すべての共有者の同意を得なければならないとする見解が有力でした。

　しかしながら、本来であれば、共有物の持分の価格の過半数で決することができるのに、共有物を現に使用する共有者がいることにより、共有者全員の同意を得なければならないとすることは、共有物の利用が硬直化するとの指摘がなされていました[(1)]。

2　改正後の規律

（1）共有物を事実上使用する共有者がいる場合

　共有者間で別段の定めなく共有物を使用している共有者がいる場合、共有者の持分の価格の過半数により、共有物の管理に関する事項を決することができます（改正民252条1項後段）。

　上記事例1の場合、Aの同意なく、B及びCが、当該土地の使用者をBのみと定めることができ、独占的に使用することが認められたBは、従前より当該土地を使用しているAに対して、当該土地の引渡しを求めることができます[(2)]。

（2）共有者間で既に決定された定めにより共有物を使用している共有者がいる場合

　共有者間で既に決定された定めにより共有物を使用している共有者がいる場合も、共有者の持分の価格の過半数により、共有物の管理に関する事項を決することができますが（改正民252条1項後段）、この場合は、（1）と異なり、その決定により、共有物を使用している共有者に特別の影響を及ぼすべきときは、その共有者の承諾を受ける必要があります（改正民252条3項）。

　なお、共有物の管理行為に関する規律は、共有者間の意思決定に関する規律であって、共有者と第三者（共有者の1人が共有者の地位だけではなく、

---

(1)　中間補足4頁
(2)　中間補足4頁

他の地位を有する場合を含みます。）との間の契約関係や権利関係の終了事由
等を定めるものではありません。例えば、共有物を使用している共有者に関
して、黙示の無償使用の合意（使用貸借契約）が推認されるような場合（被
相続人と共有物を使用している者との間で黙示の無償使用の合意が推認され、
被相続人の死亡により無償使用の合意に基づく貸主たる地位が相続によって
相続人に承継された事例として、最判平成8年12月17日民集50巻10号2778
頁、最判平成10年2月26日民集52巻1号255頁。Q7参照）があります。こ
のような場合は、共有物を使用している共有者は、無償使用の合意（使用貸
借契約）に基づき使用していることから、使用貸借契約の終了事由（期間満
了、解約や解除の事由）がなければ、退去を求めることができません[3]。改
正民法252条2項及び3項に基づいて退去を求めることができませんので、
注意が必要です。

3　特別の影響

　それでは、「共有者に特別の影響を及ぼすべきとき」とは、どのような場合
をいうのでしょうか。

　改正民法252条3項の「特別の影響を及ぼすべきとき」という文言は、建
物の区分所有等に関する法律31条1項の規約の設定、変更又は廃止に関する
規定の文言と同じ文言であり、この規定を参考にして改正民法の規定がされ
たものと考えられ、変更の必要性及び合理性とその変更によって共有物を使
用する共有者に生ずる共有者の不利益とを比較して、共有物を使用する共有
者が受忍すべき程度を超える不利益を受けると認められる場合をいうとされ
ています[4][5]。

　このような「特別の影響」といった規範的な要件を設けている趣旨は、共
有物の種類及び性質が多種多様であることに鑑みて、共有物の管理に関する

---

(3) 部会資料31・31頁
(4) 中間補足5頁
(5) 判例は、建物の区分所有等に関する法律31条1項の「特別の影響を及ぼすべきとき」
について、「規約の設定、変更等の必要性及び合理性とこれによって一部の区分所有者が
受ける不利益とを比較衡量し、当該区分所有関係の実態に照らして、その不利益が区分
所有者の受忍すべき限度を超えると認められる場合をいうものと解される。」と判示して
います（最判平成10年10月30日民集52巻7号1604頁）。

事項の定めに従って共有物を使用している共有者の同意を要するか否かを、「特別の影響」の判断の中で柔軟に対処することができるようにすることにあるとされています。そして、「特別の影響」を及ぼすかどうかについては、対象となる共有物の性質及び種類に応じて、共有物の管理に関する事項の定めを変更する必要性・合理性と共有物を使用する共有者に生ずる不利益を踏まえて、具体的な事案ごとに判断することになると考えられます[6]。

例えば、

① A、B及びCの3人が土地（更地）について3分の1ずつの共有持分を有している場合において、Aが土地上に自己が所有する建物を建築して土地を利用する定めがあるときに、Aが建物を建築した後に、B及びCの同意によって、土地を使用する共有者をBに変更する場合

② ①と同様の例において、Aによる土地の使用期間を相当期間（例えば30年間）とすることを定めたうえで、Aが建物を建築して土地を使用しているときに、B及びCの同意によって、土地の使用期間を短期間（例えば5年間）に変更する場合

③ A、B及びCの3人が建物について3分の1ずつの共有持分を有している場合において、建物を店舗営業のために使用する目的でAに使用させることを定めたうえで、Aが建物を使用することで生計を立てているときに、B及びCの同意により、建物の使用目的を居住専用に変更する場合

などが、「特別の影響」に該当するものと考えられます[7]。

なお、共有物を使用する共有者が、共有物の管理に関する事項の定めを変更することについて争う場合には、その変更によって特別の影響を及ぼすとして、当該変更の効力がないことを前提に差止め等を求めるほか、再度当該変更による定めを変更することや、共有物分割請求によって対応することが考えられます[8]。

---

(6) 部会資料40・3頁
(7) 部会資料40・3頁及び4頁
(8) 部会資料40・4頁

4 　最判昭和41年5月19日について

　最判昭和41年5月19日民集20巻5号647頁は、共同相続に基づく共有者の共有持分の合計が、共有物の価格の過半数を超えるからといって、他の共有者の協議を経ないで共有物を現に占有する共有者に対し、当然にその明渡しを請求することはできないとしました。その理由として、共有物を占有する共有者は、自己の持分によって共有物を使用収益する権原を有し、これに基づいて共有物を占有するものと認められるからであるとし、この場合、共有物の明渡しを求めることができるためには、その明渡しを求める理由を主張し立証しなければならない、と判示しています。

　この最高裁判例について、特段の定めがないまま共有者が共有物を使用している場合に、共有物の管理に関する事項を持分の価格の過半数で定めることの可否に関しては直接的には判断していないと考えれば、改正民法の規定とは必ずしも矛盾するものではなく、改正民法の規定は判例を変更するものではない、ということができます[9]。また、改正民法の規律に従って共有物を独占的に使用する者を決定した場合には、最高裁判例のいう「明渡しを求める理由」があることになると考えれば[10]、改正民法の規定と最高裁判例とは矛盾しない、ということもできます。

　しかしながら、この最高裁判例は、特段の定めなく共有物を使用する者がいる場合には、その者の同意なく、共有物の使用者を定めることはできないことも含意しているという見解もあり[11]、使用している共有者に特別の影響があってもその承認を不要とした点において、改正民法の規定は実質的に判例を変更したものと評価することもできます。

5 　実務への影響

　改正民法において、共有物を使用する共有者がいる場合において、その共有者の承諾を得ることなく、共有者の持分の価格の過半数をもって、共有物の管理に関する事項を定めることができることになりました。最高裁判例を

(9) 中間補足4頁
(10) 部会資料27・5頁
(11) 中間補足4頁

変更する改正かどうか、考え方が分かれますが、いずれにしろ、これまでの実務上の考え方を変更するものといえますので、実務への影響は大きいものと思われます。

　また、共有者の一部が、使用貸借などの契約関係に基づき共有物を使用している場合は、その共有者を退去等させるためには、契約関係の終了事由（期間満了、解約や解除の事由）がなければ、退去を求めることができません。このような場合は、改正民法252条2項及び3項に基づいて退去を求めることができませんので、注意が必要です。

（余田　博史）

Q12

共有物の管理として、賃借権その他の使用及び収益を目的とする権利を設定することができるのは、どのような場合でしょうか。

A 賃借権等を設定する期間が、樹木の栽植又は伐採を目的とする山林の賃貸借等であれば10年以内、それ以外の土地の賃貸借等であれば5年以内、建物の賃貸借等であれば3年以内、動産の賃貸借等であれば6か月以内の場合です。

1 改正前の規律

共有物に使用権を設定することについては、基本的には共有者の持分の価格の過半数で決することができると解されています（最判昭和39年1月23日民集71号275頁）。

しかしながら、改正前民法の下では、どのような内容の使用権を設定できるのか、明確ではありませんでした。

また、使用権の存続期間が長期間となると、共有者による目的物の使用、収益等が長期間にわたって制約されることになり、共有者の負担が大きくなります。下級審の裁判例の中には、目的物が共有物である場合において、管理行為として賃貸借契約を締結する場合は、処分の権限を有しない者がした契約に当たるとして、賃貸期間が民法602条所定の期間を超えることは許されないとするものがありました（東京高判昭和50年9月29日判時805号67頁）。

2 改正法の規律

改正民法では、共有者は、持分の価格の過半数による決定により、共有物について、一定の期間の賃借権その他の使用及び収益を目的とする権利を設定することができると定めました（改正民252条4項）。

その期間は、民法602条の短期賃貸借の期間と同じであり、具体的には、以下のとおりです。

① 樹木の栽植又は伐採を目的とする山林の賃貸借等　10年以内

② それ以外の土地の賃貸借等　5年以内

③ 建物の賃貸借等　3年以内

④ 動産の賃貸借等　6か月以内

改正民法の「賃借権その他の使用及び収益を目的とする権利」は、賃借権、地上権、地役権が含まれますが[1]、永小作権は、存続期間が20年以上とされていますので（民278条1項）、対象外となり、設定することができません。

3	民法に定める上限を超える使用権の設定

共有者の持分の価格の過半数の決定により、上記**2**の期間を超える使用権を設定した場合は、その契約は基本的に無効とされます。

民法602条の短期賃貸借については、条文で「契約でこれより長い期間を定めたときであっても、その期間は、当該各号に定める期間とする。」と規定されていることから、民法に定める上限を超える賃貸借期間を設定した場合は、民法に定める上限を賃貸借期間とする賃貸借契約として有効となります。しかしながら、改正民法252条4項にはこのような規定は設けられておらず、民法に定める上限の期間内は有効という制限的な解釈はされず、契約自体が無効となります[2]。

4	借地借家法が適用される賃貸借

（1）借　地　権

借地借家法が適用される借地権の存続期間は、一時使用目的の場合（借地借家25条）や事業用定期借地権等（同法23条2項等）を除き、原則として30年とされています（同3条）。

また、仮に存続期間を短期に制限したとしても、正当の事由があると認められる場合でなければ契約の更新についての異議を述べることができないため（同法6条）、事実上、長期間にわたって借地権が継続する蓋然性があり、共有者に与える影響は大きいといえます。

したがって、共有者の持分の価格の過半数の決定により借地権を設定する

---

(1) 部会資料27・7頁

(2) 法制審においては、当初、「契約でこれより長い期間を定めたときであっても、その期間は当該各号に定める期間とする。」との規定を置くことが提案されていましたが（中間補足1頁、部会資料27・3頁）、最終的に、このような規定は置かないこととされました（部会資料40・4頁）。

ことはできず、借地権を設定するためには、共有者全員の同意が必要となります[(3)]。

（2）借　家　権

（A）普通借家権

借地借家法が適用される借家権は、基本的に、存続期間を改正民法252条4項に規定する上限の3年以内に制限したとしても、建物の賃貸人は、正当の事由があると認められる場合でなければ、契約の更新をしない旨の通知又は建物賃貸借の解約の申入れをすることができず（借地借家28条）、事実上、長期間にわたって継続する蓋然性があり、共有者に与える影響は大きいといえます。

したがって、共有者の持分の価格の過半数の決定により借家権を設定することはできず、借家権を設定するためには、共有者全員の同意が必要となります。

（B）定期建物賃貸借等

他方で、契約の更新がないこととする旨の定めを設ける定期建物賃貸借（同法38条1項）、取壊し予定の建物の賃貸借（同法39条1項）、一時使用目的の建物の賃貸借（同法40条）については、契約の更新に伴って事実上長期間にわたって継続するおそれがなく、共有者に与える影響は大きいとはいえませんので、契約期間を改正民法252条4項に規定する上限の3年を超えないとする限りにおいて、共有者の持分の価格の過半数の決定で、借家権を設定することができます[(4)]。

（C）普通借家権であっても有効となる例外的な場合

なお、下級審の裁判例の中には、共有物について借地借家法が適用される賃貸借契約を締結する場合、更新が原則とされ事実上契約関係が長期間にわたって継続する蓋然性が高いため、共有者全員の合意なくして有効に契約を締結できないが、持分の価格の過半数によって決することが不相当とはいえ

---

(3) 部会資料27・7頁
(4) 部会資料40・4頁

ない特別の事情がある場合には、長期間の賃貸借契約の締結も管理行為にあたり、共有者の持分の価格の過半数の決定で有効に契約を締結できるとしたものがあります（東京地判平成14年11月25日判時1816号82頁）。

　この裁判例は、共有物が業務用賃貸ビルの事案であり、従来から、賃貸ビルの各共有権の行使は、ビル運用による収益を分かち合うことを主目的としており、テナントに賃貸すること以外の使用方法は予定していなかったと推認されるのであるから、これを前提とすれば、賃貸借契約は、もともと予定されていた賃貸ビルの使用収益方法の範囲内にあるものということができ、予定していた共有権の行使態様を何ら変更するものではないとし、不動産の有効な活用という観点からすれば、賃借人の選定及び賃料の決定は、持分権の過半数によって決すべき事項であると考えられるとして、賃貸借契約の締結は管理行為に属するというべきであるとしました。

　このように、事案によっては、普通借家権の設定について、管理行為として共有者の持分の価格の過半数で決定できる場合があるかもしれません。

　また、共有物がテナントビルの場合、第三者に賃貸することが予定されているといえますので、共有者全員の間で、共有物について普通借家権を設定することについて、明示又は黙示の合意が認められる場合があるものと思われますし[5]、このような場合以外にも、明示又は黙示の合意が認められるケースがあるものと思われます。

5　実務への影響

　共有物の管理として、賃借権その他の使用及び収益を目的とする権利を設定することができる期間が明文化され、この期間を超える場合は契約自体が無効になると考えられますので、改正民法で定められた期間を遵守する契約の締結が必要となります。

　なお、テナントビルにおける各区画の賃貸の場合、テナントビルという性質上、普通借家権の設定は管理行為であると考える余地もあります。改正民法252条4項の期間を超える賃貸借契約の締結が管理行為であるかどうかについて、具体的な事情に即して検討しなければならないケースもあるものと思われます。

（余田　博史）

(5) 中間補足7頁

Q13

共有物の管理者についての規定が新設されましたが、その内容について教えてください。

A 共有物の管理者は、共有者の持分の価格の過半数の決定で選任あるいは解任することができます。管理者は、共有物の管理に関する行為をすることができますが、共有物の変更や、共有者が決定した管理に関する事項に違反する行為をすることができません。また、共有者が決定した管理に関する事項に違反して行った管理者の行為は、共有者に対して効力を生じませんが、共有者は、管理者の違反について、善意の第三者に対抗することができません。

1 改正の背景

共有物の管理に関する事項は、共有者の持分の価格の過半数で決定することになりますが（改正前民252条。なお、改正民252条1項）、管理行為をするたびに決定をしていたのであれば煩雑ですし、共有者が多数にわたったり、共有物の管理に無関心であったりして、共有者から同意を取得することが容易ではない場合もあります。また、共有不動産の隣地所有者などにとっては、共有不動産を管理する者がいたほうが、簡便といえます。

改正前民法においても、共有物の管理者を選任できるとする見解が一般的でしたが、選任の要件や権限について、明文の規定がありませんでした。

そこで、共有物の円滑な管理を図るため、共有物の管理者の制度が新設され、共有物の管理者の選任の要件や権限を明確にするための規律が設けられました（改正民252条の2）。

2 共有物の管理者の選任及び解任

共有物の管理者は、共有者の持分の価格の過半数の決定によって選任します（改正民252条1項括弧書）。所在不明の共有者がいる場合は、裁判の手続（改正民252条の2第2項）を利用して選任することができます。この場合の手続は、Q10で述べたのと同じです（改正非訟85条1項1号）。

解任についても、上記と同じです（改正民252条1項括弧書）。

3　共有物の管理者の権限について

（1）共有物の管理者の権限

　共有物の管理者は、管理に関する事項を行うことができます（改正民252条の2第1項）。ここでいう管理に関する事項には、事実行為のほか、法律行為も含まれます。共有物の管理者による行為は、共有者全員との関係で有効となりますので、共有者は、管理者の行為を否定することができません。例えば、管理者が共有物の短期賃貸借契約を締結した場合は、共有者は、賃借人の使用を妨げることはできません。

　なお、共有物の管理者を選任するにあたって、共有物の管理に関する事項を決した場合には、管理者は、これに従って職務を行わなければなりません（改正民252条の2第3項）。

　共有物の管理者は、共有者全員の同意を得なければ、共有物に変更を加えることができませんが、その形状又は効用の著しい変更を伴わない場合は、共有者全員の同意を得ることなく行うことができます（改正民252条の2第1項但書）。

（2）権限を逸脱した場合の効力

　共有物の管理者が権限を逸脱した行為をしたときは、その違反行為は、共有者との関係では効力を生じませんが、善意の第三者との関係では、共有者は、効力を生じないことを対抗することができません（改正民252条の2第4項）[1]。

　ここでいう「効力を生じない」とは、共有物の管理者が共有物の利用方法などに関して共有者の定めに反する行為をした場合には、共有者がその利用方法等を否定することができることをいいます。また、「共有者は、これを

---

[1]　共有者が管理行為を行った場合は、このような第三者保護の規定が設けられていませんが、その理由について、部会資料40・5頁では、共有物の管理者については、共有者による共有物の管理に関する事項の定めに従って、その権限に制限を受けることがあり、取引の相手方はその制限を知る機会に乏しいことから、取引の相手方を保護する規定を設ける必要があるのに対して、共有者についてはこのような権限の制限がなく、取引の相手方を保護する特別の規定を設ける必要性は高くないと考えられることから、相手方保護規定を設けることとはしていないと説明されています。

もって善意の第三者に対抗することができない」とは、共有者が善意の第三者に対してその利用方法等を否定することができないことをいいます。例えば、共有者の定めに反して、管理者が第三者に共有土地を賃貸した場合に、第三者は共有土地を無断で賃借していることになりますが、その第三者が善意である場合には、共有者は第三者に対して無断であることを対抗できず、共有者が第三者に対して共有土地の使用差止め等を請求することができない、ということになります[2]。

4 共有者と共有物の管理者との関係[3]

（1）共有者以外の第三者を管理者に選任した場合

　共有者の持分の価格の過半数の決定により、共有者以外の第三者を管理者に選任することとした場合において、共有者の一部が管理者と委任契約を締結した場合は、契約の当事者は、あくまでも、一部の共有者と管理者となります。管理者とその他の共有者との間には、委任関係は生じません。

　ところで、その他の共有者は、共有者の持分の価格の過半数を有する共有者により管理に関する事項が定められた場合には、その決定を否定できませんので、管理者の行為についても、否定することはできないと考えられます（例えば、管理者が共有物を管理することを、他の共有者は差し止めることはできないでしょうし、管理者が締結した賃貸借契約に基づき第三者が共有物を利用することを、他の共有者は差し止めることはできないと考えられます。）。そうであれば、管理者と、委任契約を締結した共有者以外の共有者との間にも、一定の法律関係が生じていることを否定することはできないといえます。法制審では、この関係について、「管理者選任関係」と呼んでいます。ただし、この「管理者選任関係」の内容については明確ではなく、今後の解釈に委ねられるとされています。

　なお、管理者は、実際は、共有者の持分の価格の過半数の意向に沿って共有物の管理を行い、管理費用や管理人の報酬は、基本的に委任契約を締結した共有者から支払ってもらうことになりますので[4]、「管理者選任関係」が具

---

(2)　部会資料41・14頁
(3)　部会資料41・11頁ないし13頁
(4)　部会資料41・12頁

体的に問題になることは、それほど多くはないものと思われます。

（2）共有者の一部を管理者に選任した場合

　民法253条以下において、共有物の管理費用の負担に関する共有者間のルールが定められていますが、共有者の一人が管理者に選任されたからといって、このルールの適用が排除され、費用負担等の処理を、委任に関する規定に委ねるのは適当ではないと思われます。

　もっとも、共有者の持分の価格の過半数の決定によって共有者の一人を管理人に選任する場合に、その管理者になる者とその選任に賛成をした者との間で、民法上の共有者間のルールとは別に、管理者と選任に賛成する共有者の間の法律関係を別に定める契約をすることができるのかについては、別途問題になり得ます。例えば、選任に賛成をした者が管理人に対して報酬を支払うことを合意することは、認められると考えられます（この場合、この合意は、合意をしていない他の共有者との間で効力を生じません。なお、共有者が管理者に報酬を支払った場合に、それが管理費用（民253条）に該当し、他の共有者に求償が認められるかどうかは、別途問題となり得ます。）。

　いずれにしろ、共有者の一部を管理人に選任した場合の関係者間の関係については、今後の解釈に委ねられるものと思われます。

5　　実務への影響

　共有物の管理者の選任の要件や権限について明文で規定されましたので、今後、共有物の管理のために管理者を選任する事例が増えることが予想されます。

　なお、共有者と共有物の管理者との関係については、必ずしも明確ではないところがあり、今後の解釈に委ねられます。

（余田　博史）

Q14 共有者間で協議ができず、裁判による場合、どのような方法で共有物分割をすることができますか。

A 現物分割及び競売による分割のほか、価格賠償による分割（賠償分割）が可能であることが明文で定められました。

1 共有物分割の要件の明確化

改正前民法258条1項は、「共有物の分割について共有者間に協議が調わないときは、その分割を裁判所に請求することができる」としており、「当事者間に協議が調わないとき」とは、一部の者が協議に応じないために協議をすることができないときも含むと解されていました。

この一般的な解釈を明確化するため、改正民法258条1項は、遺産分割の規律（民907条2項）を参考に、「共有者間に協議が調わないとき」に加え、「協議をすることができないとき」にも裁判所に分割を求めることができることを明文化しました。これにより共有者の一部が不特定や所在不明である場合にも共有物分割が可能となりました。

2 賠償分割の明文化

改正前民法258条2項は、共有物分割訴訟について、①現物分割と②競売分割の2種類のみを規定していました。両者の関係については、①現物分割が基本的な分割方法とされ、②競売分割が補充的な分割方法と位置付けられているのみで、③共有物を特定の共有者に帰属させ、この者から他の者に対して持分の価格を賠償させる価格賠償による分割（賠償分割）については明文の定めはありませんでした。

かつては、裁判所は③価格賠償による分割は許されないと解していたとされます。また、複数の共有物を一括して分割の対象とする一括分割の方法による分割方法（一括分割）は原則として許されないとしていました（最判昭和45年11月6日民集24巻12号1803頁）。

しかし、その後、判例は、持分の価格以上の現物を取得する共有者に当該超過分の対価を支払わせて過不足を調整する部分的価格賠償や、数か所に分かれて存在する多数の共有不動産を一括して分割の対象とし、分割後のそれ

ぞれの不動産を各共有者の単独所有とする一括分割、多数の者が共有する物について分割請求がされた場合に、当該請求者に対してのみ持分の限度で現物を分割し、その余は他の者の共有とする一部分割を認めました（最大判昭和62年4月22日民集41巻3号408頁）。

　さらに、共有物を共有者のうちの一人の単独所有又は数人の共有とし、これらの者から他の共有者に対して持分の価格を賠償させる全面的価格賠償の方法による分割も許されるとして、賠償分割を正面から認めて（最判平成8年10月31日民集50巻9号2563頁）、多様かつ弾力的な運用を図ってきました。

　このような実務を踏まえ、裁判による共有物の分割制度は、共有関係解消の重要かつ基本的な手段であるとともに、共有者の一部が所在不明である共有者不明土地を適切に解消する観点でも重要であることから、改正民法258条は、裁判所が命じることができる共有物の分割方法として、①現物分割（改正民258条2項1号）及び②競売による分割（同条3項）のほかに、③価格賠償による分割（賠償分割。同項2号）があることを明示することとしました。

　ただし、共有物の全部又はその持分が相続財産に属する場合において、共同相続人間で当該共有物の全部又はその持分について遺産の分割をすべきときは、遺産分割が優先されるため、当該共有物又はその持分について上記の裁判による共有物の分割をすることはできません（改正民258条の2第1項）（Q20参照）。

3　共有物の分割方法の検討順序

　従来から判例上賠償分割は認められていましたが、明文の定めがないため、現物分割や競売による分割との検討順序は明らかではありませんでした。

　共有物の形状や性質、当事者の共有物の利用方法等によって、賠償分割の方が現物分割より当事者にとって望ましい場合もある一方で、現物分割の方が賠償分割より望ましい場合もあり、一律に両者の検討順序の先後関係をつけることは難しいことから、改正民法は、裁判所がその判断により現物分割又は賠償分割を判断することとしています（改正民258条2項）。

　なお、法制審議会では、競売による分割についても、現物分割及び賠償分

割と並列的に可能とすべきであるとの意見も述べられました[1]。しかし、共有者中に共有物の取得を希望する共有者がいる場合には、これを優先すべきとの考えから、現行法の考え方を維持し、競売分割は、現物分割や賠償分割により共有物の分割ができないとき、又は分割によってその価格を著しく減少させるおそれがあるときに限って、補充的に可能なものとされました（改正民258条3項）。なお、賠償分割によって価格を著しく減少させることは通常生じないので、仮に、現物分割をすることによってその価格を著しく減少させるおそれがあるとしても、賠償分割をすることができるケースは、競売分割の要件である「分割によってその価格を著しく減少させるおそれがあるとき」には当たらないと考えられます[2]。

4　採用されなかった主な検討課題

（1）民事訴訟手続の維持

　共有物分割に関する裁判手続は、形式的形成訴訟であると一般に解されていますが、その実質に鑑みてこれを非訟事件とすることも検討されました。しかしながら、最終的には、民事訴訟手続によることが維持されています。

（2）調停前置主義の不採用

　共有物分割請求について民事調停を前置する規律を設けることも検討されました。

　しかし、民事調停前置とした場合、第三者が関与するなどして迅速かつ柔軟に解決することができるケースもあると考えられるものの、他方で、一律に調停手続の利用を強制すると、当事者に過度な負担を課すことになるおそれがある上に、最終的な紛争の解決までにかかる時間が延びるおそれがあることも否定できないことから、民事調停前置とはされず、調停手続を利用するかどうかを当事者の判断に委ねる現行法の規律が維持されることとなりました。

---

(1)　第7回議事録8頁〔蓑毛幹事発言〕、部会資料7・3頁
(2)　部会資料59・8頁

（3）任意売却による分割の不採用

　共有物の管理者を選任した上で、その管理者に対して換価を命ずることができるとする規律（任意売却による分割）も検討されました。

　しかし、任意売却は競売による減価を避けたり、早期換価を可能にするなどのメリットもあるものの、任意売却を命じた場合、売却ができず、又は事後的に不適当となった場合に対処する手段がないこと、また、このような規律を設けなくとも和解又は調停の協議の中で任意売却を実現することも可能であることに鑑みれば、任意売却による分割の規律を設ける必要性は高くはないことから、任意売却による分割の規律は採用されませんでした。

5　施行期日

　令和5年4月1日です。

6　実務への影響

　現行法下での解釈・運用を明文化したものであり、実務への影響はほとんどありません。

（安部　将規）

Q15 価額賠償を命ずる判決はどのような場合になされますか。また、この場合、裁判所はどのような内容の判決をすることができますか。

A 賠償分割は現物分割と並ぶ分割方法として規定され、競売分割はこれらの方法に劣後することとされました。ただし、賠償分割を行う際の判断要素については明文の規律は設けられておらず、従前と同様、判例法理に基づく判断に委ねられています。

　また、賠償分割を命ずる場合、裁判所は、当事者に対して、給付命令（債務名義となる金銭の支払、物の引渡し、登記義務の履行その他の給付を命ずること）ができることが明確化されました。

1　賠償分割の規律の明確化

　Q14のとおり、改正前民法258条2項では、明文上、①現物分割と②競売分割の2種類のみが定められており、①現物分割が基本的な分割方法とされ、②競売分割が補充的な分割方法と位置付けられているのみで、③価格賠償による分割（賠償分割）に関する定めはありませんでした。

　改正民法258条2項及び3項は、明文をもって、現物分割のほかに、賠償分割（全面的価格賠償又は部分的価格賠償）及び競売分割を認めることを明らかにしました。

2　現物分割と賠償分割との関係

　賠償分割と現物分割については、共有物の形状や性質、当事者の共有物の利用方法等によって、賠償分割の方が現物分割より当事者にとって望ましい場合もある一方で、現物分割の方が賠償分割より望ましい場合もあることから、一律に両者の検討順序の先後関係をつけることは難しく、裁判所がその判断により現物分割又は賠償分割を判断することとされました（改正民258条2項）。

3　賠償分割を命ずる場合の判断要素

　改正民法258条2項は、賠償分割を認めることとしましたが、その判断要

素は明文化されていません。

　この点、最判平成8年10月31日民集50巻9号2563頁は、「当該共有物の性質及び形状、共有関係の発生原因、共有者の数及び持分の割合、共有物の利用状況及び分割された場合の経済的価値、分割方法についての共有者の希望及びその合理性の有無等の事情を総合的に考慮し、当該共有物を共有者のうちの特定の者に取得させるのが相当であると認められ、かつ、その価格が適正に評価され、当該共有物を取得する者に支払能力があって、他の共有者にはその持分の価格を取得させることとしても共有者間の実質的公平を害しないと認められる特段の事情が存するときは、共有物を共有者のうちの一人の単独所有又は数人の共有とし、これらの者から他の共有者に対して持分の価格を賠償させる方法、すなわち全面的価格賠償の方法による分割をすることも許されるものというべきである。」としています。

　同最判が判示した判断要素について、法制審議会では、これを明確化すべきという意見があった一方で、賠償分割が現物分割に劣後するかのような疑義を生じさせるべきではないという意見もあり、これらの意見をそれぞれ反映して適切な規律を設けることは困難であることから、判断要素を明文化する方策は採用されず、引き続き判例法理に基づく判断に委ねられることとなりました。

４　金銭債務の履行を確保するための手続的措置等

　賠償分割を命ずる判決が確定すると、それによって直ちに現物取得者は共有持分を喪失する者に対して債務を負担することにより、当該共有物の共有持分を取得します（改正民258条2項2号）。

　判例は、前記のとおり、全面的価格賠償の方法による共有物分割を命ずる場合には、諸事情の総合考慮による相当性が認められるだけでは足りず、現物取得者に裁判所の認める対価の支払能力があることを考慮要素としています。

　もっとも、支払能力の有無の認定は、将来支払がされるであろう蓋然性の予測に過ぎないため、これを確実に証明し、認定することには本来的に困難が伴います。このため、金銭債務の履行を確保するために何らかの手続的措置を講ずる必要があるとの指摘がありました（最判平成10年2月27日民集187号207頁における河合伸一裁判官の補足意見、最判平成11年4月22日集

民193号159頁における遠藤光男、藤井正雄両裁判官の補足意見参照）。

また、実務上、共有者間の実質的に公平な分割を実現するために、賠償金の給付と移転登記との引換給付判決を命ずるなどの手続的措置を講じることも認められていました。

そこで、共有持分を喪失する者の権利を保全するため、遺産分割の規律（家事196条）を参考として、当事者に対して、金銭の支払、物の引渡し、登記義務の履行その他の給付を命ずること（給付命令）ができるとされました（改正民258条4項）。

なお、共有持分を喪失する者が同時履行の抗弁を主張しない場合であっても、共有物分割訴訟の非訟事件的性格から、裁判所は裁量で引換給付等を命ずることができます。

5　実務への影響

（1）賠償分割を命ずる場合の判断要素について

実務への大きな影響はないと考えられます。

最判平成8年10月31日が示したような判断要素は明文化されていませんが、改正法は、同最判を変更する趣旨ではなく、引き続き判例法理が維持されていることに注意が必要です。

（2）賠償分割により当事者に対し給付を命ずる判決がなされた場合

従前の取扱いに大きな変更を生じさせるものではありません。

賠償分割により共有持分を失う共有者は、権利を取得する共有者に対し、金銭の支払等を命ずる判決を得ることが可能となります。実務上は、賠償分割が命ぜられる場合には、従前から実務上行われていた、賠償義務の債務名義化や引換給付判決が行われることとなると考えられます。

賠償分割により共有持分を失う者の立場に立てば、判決により権利喪失という大きな効果が生じるにもかかわらず、共有物を取得する者が金銭債務を履行するに足りる資力を有しているかは不明であることが多く、引換給付判決がされていないケースなど、場合によっては速やかに当該債務名義により強制執行を行うことを検討すべき場合もあると考えられます。

（安部　将規）

Q16
共有者の一部の所在等が不明の場合において、他の共有者が所在等不明の共有者の持分を取得することは可能でしょうか。

A
改正法により、共有者は、他の所在等不明共有者の持分の取得を裁判所に請求することができることになりました。

1　改正の趣旨

　共有物の管理は、共有者間の協議により定めることが原則です（改正民252条1項）。

　しかし、氏名等を知ることができない共有者がある場合にはその協議を行うことができない結果、共有物の管理に支障が生ずるおそれがあります。また、このような共有者との間の共有関係を解消しようとしても、改正前民法によれば、裁判による共有物分割の方法を取ることはできません。

　また、所在を知ることができない共有者との間でも、共有物の管理について協議することができないため、共有物の管理に支障が生ずるおそれがあります。共有物の管理に関する規律（改正民252条2項）等の活用も考えられますが、抜本的な解決のためには、このような共有者との間の共有関係を解消すべく、共有物分割の方法をとらざるを得ません。しかし、裁判による共有物分割の方法をとる際には、一定の時間や手続が必要であり、具体的な分割方法は裁判所の裁量的な判断に委ねられているため、共有者においては、その予測には困難な面もあります。

　そこで、改正法は、他の共有者の一部が不明又はその所在を知ることができない場合に、共有物の管理に関して生じる支障を抜本的に解消する制度を創設することとしました。

2　制度の内容

　改正法は、共有者が、他の共有者を知ることができず、又はその所在を知ることができないときは、裁判所に請求することにより、当該他の共有者（以下、「所在等不明共有者」といいます。）の持分を取得することができるものとしました（改正民262条の2第1項）。

3 要件及び効果

（1）要　　件

　共有者は、他の共有者を知ることができず、又はその所在を知ることができないときは、裁判所に対し、所在等不明共有者の持分を取得させる旨の裁判を請求することができます（改正民262条の2第1項）。

　裁判所の決定は、共有持分取得を求める共有者に、所在等不明共有者の持分を取得させる効果を生じさせます。

　請求をした共有者が2人以上あるときは、裁判所は、請求をした各共有者に対し、所在等不明共有者の持分の取得を請求した各共有者の持分の割合で按分してそれぞれ取得させます。

　なお、所在等不明共有者以外の共有者が複数ある場合に、その全員の同意があることは、裁判所に請求するための要件とはされていません。共有者は、他の共有者の同意等を得ることなく、単独で請求を行うことが可能です。他の共有者の参加の機会の保障については、所在等不明共有者の持分の取得の裁判の請求があったときは、裁判所は、この申立てがあったこと及び他の共有者に異議があるときはその旨の届出をすべきことを公告するとともに、各共有者に個別に通知することとされていることにより担保されています（改正非訟87条1項。Q17参照）。このため、希望する共有者は別途持分取得の裁判を起こすことが可能です。

　また、どのような場合に所在不明等共有者にあたるか否かについて、改正法は明確な定義を置いていません。裁判所が事案に応じて適切に判断することとなります。

　所在不明期間が一定の期間継続していたことまでは要件とされていませんが、一時的に連絡が付かないに過ぎない場合には、所在不明ではないことが通常であると考えられます[1]。

（2）例　　外

　ただし、以下の場合には、裁判所は、前記（1）の裁判を行うことができま

---

(1) 部会資料30・14頁

せん。

① 対象となる不動産について、裁判による共有物分割請求（改正民258
条第1項）又は遺産分割の請求がある場合において、所在等不明共有者
以外の共有者が、前記（1）の裁判をすることについて異議がある旨の届
出をしたとき（改正民262条の2第2項）

② 所在等不明共有者の持分が相続財産に属する場合（共同相続人間で遺
産の分割をすべき場合に限る。）において、相続開始の時から10年を経
過していないとき（改正民262条の2第3項）

①は、（1）において、共有者全員の同意は請求の要件とされていませんが、
共有者間に共有関係の解消方法についての意見対立があるなど、他の共有者
が別途共有物分割請求をすることを明確に希望する場合には、共有関係を解
消するためには別途裁判所による共有物分割の手続が必要となり（共有物分
割手続の優先）、基本的にはその分割請求事件において分割方法が定められる
べきであって、本手続のみを進行させることは妥当ではないと考えられたた
めです。

②は、遺産共有の解消には、相続開始のときから10年を経過するまでは遺
産分割の手続を行う必要がありますが、10年を経過すれば、相続人から異議
等がなければ、遺産共有の場合であっても、遺産分割を経ることなく、本制
度を利用して共有関係の解消ができることとなったことを意味しています。

これは、具体的相続分の割合がどのようなものであるとしても、共同相続
人は、法定相続分（又は指定相続分）の割合に応じて個々の遺産に共有持分
権を有し、相続人は、第三者に対し、この共有持分を譲渡することができ（最
判昭和50年11月7日民集29巻10号1525頁参照）、譲渡の相手方が第三者で
はなく他の相続人であっても同様に考えられること、相続財産の共有は民法
249条以下に規定する共有とその性質を異にするものではないと解されてい
ること（最判昭和30年5月31日民集9巻6号793頁参照）からすれば、本制
度を遺産共有の場合に適用しない必要はないと考えられたためです。ただし、
遺産分割協議等をするには一定の期間を要するのが通常であることからする
と、相続人に不動産の持分を喪失させ、その持分を遺産分割の対象から除外
する結果を認めるには、相続開始から一定の期間が経過しており、遺産分割
上の権利を長年にわたって行使していない状況でなければならないと考えら

れます。そこで、所在等不明共有者の持分の取得の仕組みによる相続人の共有持分権の取得は、相続開始時から長期間を経過している（改正民904条の3を参考に、その期間を10年とされました。）場合に限り、認められます[2]。

なお、所在等不明共有者の持分が相続財産に属する場合とした上で、共同相続人間で遺産の分割をすべき場合に限ってこの規律の対象としているのは、相続は発生しているものの、遺産共有の状態が生じていないケース（例えば、相続人不存在など）を除外するためです[3]。

（3）対価の支払

共有者が所在等不明共有者の持分を取得したときは、当該共有者は、所在等不明共有者に対し、当該共有者が取得した持分の時価相当額を支払うことが必要です（改正民262条の2第4項）。

持分を取得する共有者は、持分の取得に先立ち、裁判所が定めた額の金銭を供託することが必要ですが（改正非訟87条5項。Q17参照）、所在等不明共有者が時価相当額について争う場合、まずは所在等不明共有者が相当と考える額の支払を請求することになり、最終的には訴訟において判断されることになります[4]。

（4）準共有持分への準用

（1）〜（3）の規律は、不動産の使用又は収益をする権利（所有権を除く。）が数人の共有に属する場合について準用されます（改正民262条の2第5項）。

不動産の使用権や収益権についても、当該不動産の管理に支障をきたす可能性があることから、所在等不明共有者が有する準共有持分についても、取得の対象とされました。

4　施行期日

令和5年4月1日です。

---

(2) 部会資料42・4頁
(3) 部会資料51・14頁
(4) 部会資料41・8頁

5 実務への影響

　改正法では、所在等不明共有者がある場合の共有物の管理に関する様々な規定が設けられましたが、抜本的に、金銭により共有関係を解消するための手続として本制度が設けられたことの意義を理解することが必要です。

　例えば、これにより権利関係が複雑であるために難しかった都市の再開発事業を行う場面など、実務での活用が期待されます。

（安部　将規）

Q17 所在等不明共有者の持分を他の共有者が取得するための手続を教えてください。

A 取得を希望する共有者の負担と、他の共有者の申立ての機会及び権利を喪失する所在等不明共有者の利益保護のバランスに配慮して、手続が定められています。

1 管轄

所在等不明共有者の持分の取得の裁判（改正民262条の2。不動産の使用権や収益権に関する準共有持分の取得の裁判を含む。）にかかる事件は、当該不動産の所在地を管轄する地方裁判所の管轄に属することとされました（改正非訟87条1項）。

2 手続

（1）申立及び公告

共有者が、裁判所に対し、所在等不明共有者の持分の取得を請求したときは、裁判所は次の①〜⑤に掲げる事項を公告します。

次に、②、③及び⑤の期間が経過した後、請求をした共有者に所在等不明共有者の持分を取得させるとの裁判がされます。この場合において、②、③及び⑤の異議届出・申立ての期間は、いずれも3か月を下ることはできません（改正非訟87条2項）。

これらの手続きは、共有持分取得を求める共有者の負担と、他の共有者及び権利を失う所在等不明共有者の利益保護のバランスに配慮して定められたものです。

① 所在等不明共有者の持分について共有持分取得の裁判の申立てがあったこと。

② 裁判所が前号の裁判をすることについて異議があるときは、所在等不明共有者は一定の期間内にその旨の届出をすべきこと。

③ 共有物分割の請求や遺産分割の請求がある場合において、所在等不明共有者以外の共有者が、①の裁判をすることについて異議があるときは、一定の期間内にその旨の届出をすべきこと。

④ ②及び③の届出がないときは、裁判所が①の裁判をすること。

⑤ ①の裁判の申立てがあった所在等不明共有者の持分について申立人以外の共有者が所在等不明共有者の持分の取得の裁判の申立てをするときは一定の期間内にその申立てをすべきこと。

（2）共有者への通知

裁判所は、（1）の公告をしたときは、遅滞なく、登記簿上その氏名又は名称が判明している共有者に対し、（1）（②除く。）の規律により公告すべき事項を通知することとされています。

この通知は、通知を受ける者の登記簿上の住所又は事務所に宛てて発すれば足ります（改正非訟87条3項）。

共有者が、裁判所に対し、所在等不明共有者の持分の取得を請求するにあたって、他の共有者全員の同意が要件とされていないこと（Q16参照）から、他の共有者に参加の機会を保障するための要件です。

（3）不適法な異議

裁判所は、（1）③の異議の届出が異議届出期間を経過した後にされたときは、当該届出を却下しなければなりません（改正非訟87条4項）。

（4）対価の供託

裁判所は、所在等不明共有者の持分について共有持分取得の裁判をするには、申立人に対して、一定の期間内に、所在等不明共有者のために、裁判所が定める額の金銭を裁判所の指定する供託所に供託し、かつ、その旨を届け出るべきことを命じなければなりません（改正非訟87条5項）。裁判所は、申立人がこの決定に従わないときは、その申立人の申立てを却下しなければなりません（同条8項）。すなわち、供託金の供託が裁判所の決定の要件とされているのです。

裁判所が額を定めるにあたっては、事案に応じて、不動産鑑定士の評価書、固定資産税評価証明書、不動産業者作成の査定書等が参考資料とされます。ただし、必ずしも不動産鑑定士の鑑定評価書の作成までは義務とされるものではありません。

また、共有者を知ることができない（共有者を特定することができない）場合の中においては、共有持分の割合や、そもそも、共有者の総数が全く分からない場合もあり得ます。こういった場合において持分の時価相当額を算定するときは、この供託の規定が所在等不明共有者の利益を確保するものであることからすると、基本的には、申立人に不利益な方向で認定をした上で、供託金の額を定めることになると考えられます[(1)]。

　また、時価相当額と供託金額の差額を争う機会を保障するため、即時抗告が可能です（改正非訟87条7項）。他方で、所在不明等共有者による認容決定の事後的な取消しの申立てのような制度（除権決定の取消しの申立てに関する非訟108条参照）については、持分取得の効果が生じた後にそのような取消しを認めると法的安定性を欠くことになるため、困難であると考えられています[(2)]。また、所在不明等共有者は後日訴訟手続で差額を請求することも可能です[(3)]。ただし、供託金送付請求権が消滅時効にかかったときは、供託金は確定的に国庫に帰属することになります。

　なお、裁判所は、いったん供託金の額を決定した後、所在不明等共有者の持分の取得の裁判をするまでの間に、事情変更によりいったん定めた額を不当と認めるに至ったときは、供託すべき金銭の額を変更することが必要です（改正非訟87条6項）。

（5）効力の発生

　所在等不明共有者の持分の取得の裁判は、確定しなければ効力を生じません（改正非訟87条9項）。

　ただし、所在等不明共有者の持分の取得の裁判は所在等不明共有者への告知を要しない（同条10項）ため、所在等不明共有者に対する裁判の送達の問題は生じないこととなります。

（6）他の共有者による申立時期の制限

　所在等不明共有者の持分について共有持分取得の裁判の申立てを受けた裁

---

(1) 部会資料56・13頁
(2) 部会資料30・17頁
(3) 部会資料41・8頁

判所が(1)の公告をした場合において、その申立てがあった所在等不明共有者の持分について申立人以外の共有者が(1)⑤の期間が経過した後に、重ねて持分取得の裁判の申立てをしても、裁判所は、二重にその申立てを認めることはできず、その申立てを却下しなければなりません（改正非訟87条11項）。

3　実務への影響

　所在等不明共有者の共有持分取得という新しい制度に関する手続であり、時価相当額をどのように定めるかといった点について実務の積み重ねが待たれるところです。

　もっとも、時価相当額の支払請求権は、客観的な時価が基準となります。したがって、所在等不明共有者の共有持分を取得するにあたりいったん時価相当額と考えられる金銭を供託した場合であっても、後日、所在等不明共有者から訴訟を提起され、追加の支払が必要となる可能性があることには注意が必要と考えられます。

（安部　将規）

Q18
共有者の一部の所在等が不明の場合に、その持分を他の共有者が譲渡することは可能でしょうか。

A 改正法は、所在等不明共有者がある場合の共有関係の解消方法として、共有者が、所在等不明共有者の持分について、他の共有者全員とあわせて特定の第三者に対し譲渡する権限を付与する制度を認めることとしました。

1 要件及び効果

改正前民法の下では、共有者が共有物全体の売却を希望したとしても、他の共有者の中に所在等不明共有者がいる場合には、共有物の売却は容易ではありませんでした。

そこで、改正法では、不動産が数人の共有に属する場合において、共有者が他の共有者を知ることができず、又はその所在を知ることができないときは、端的に、裁判所は、共有者の請求により、その共有者に、当該他の共有者（以下「所在等不明共有者」という。）以外の共有者の全員が特定の者に対してその有する持分の全部を譲渡することを停止条件として、所在等不明共有者の持分を当該特定の者に譲渡する権限を付与する旨の裁判をすることができることとしました（改正民262条の3第1項）。

なお、この裁判は、申立てをした共有者に対し、所在不明共有者の持分を第三者に譲渡する権限を付与するにとどまり、実際に譲渡を行うためには、別途、買受希望者との間で売買契約を締結する必要があります。そして、所在不明共有者の持分は、直接、譲渡の相手方に移転します。

また、所在等不明共有者は、当該譲渡をした共有者に対し、上記の譲渡権限が付与されたときではなく、所在等不明共有者の持分を第三者に譲渡したときに、時価相当額の支払請求権を取得します（改正民262条の3第3項）。

2 所在等不明共有者の共有者持分の取得に関する規律と同様の規律

所在等不明共有者の持分が相続財産に属する場合（共同相続人間で遺産の分割をすべき場合に限る。）において、相続開始の時から10年を経過してい

ないときの扱い（改正民262条の3第2項）、所在等不明共有者から譲渡をした共有者に対する請求権の扱い（同第3項）、不動産の使用又は収益をする権利（所有権を除く。）に準用されること（同第4項）はいずれも、所在等不明共有者の持分の取得におけるのと同様です。

3　施行期日

令和5年4月1日です。

4　実務への影響

　本制度は、共有物全体を特定の第三者に売却することを希望する場合のみ利用可能な制度です。また、本制度による決定は、所在等不明共有者の共有持分を譲渡する権限を付与するに留まり、直ちに共有物を譲渡する効果を生じさせるものではありません。

　Q16・17の所在等不明共有者の共有持分の取得の制度とあわせ、共有関係を解消するためのメニューが複数用意されたことから、今後はどのような手続を選択するか、より慎重な検討が必要になるといえます。

（安部　将規）

Q19 共有者の一部の所在等が不明の場合に、その持分を他の共有者が譲渡するための手続を教えてください。

A 手続きは、原則としてQ17と同様です。

1 管　　轄

　所在等不明共有者の持分を譲渡する権限の付与の裁判（改正民262条の３。不動産の使用権や収益権に関する準共有持分の取得の裁判を含む。）にかかる事件は、当該不動産の所在地を管轄する地方裁判所の管轄に属します（改正非訟88条１項）。

2 手　　続

　手続は、原則としてQ17と同様です（改正非訟88条２項が87条の規定を準用）。異なるのは、次の点です。

　共有物分割又は、遺産分割の請求をしたことによる異議の制度（改正民262条の２第２項）は認められていません。

　所在等不明共有者の持分を譲渡する権限の付与の裁判により権限を付与された共有者が事件の終了した日から２か月間その権限を行使しないときは、その裁判は、その効力を失います。ただし、この期間は、裁判所において伸長することができます（改正非訟88条３項）。

　効力発生までの期間が長期となると、事情の変更により、供託した金額が相当でなくなるケースもあり得るため、伸長はあくまでも例外的に認められるものであり、譲渡の見込みがあり、それほど間を置かずに譲渡することができるケースに限られると解されています[1]。

3 実務への影響

　本制度による権限付与の裁判の効力は、原則として２か月間とされています。このため、申立てにあたっては、実務上は、あらかじめ、譲渡先となる

---

(1) 部会資料51・16頁

第三者が事実上決まっていることが通常であろうとされています。反対に、譲渡先が決まっていない場合には、本手続の選択がよいかは慎重な検討が必要です。

（安部　将規）

Q20 共有物の全部又はその持分が相続財産に属していた場合、どういった処理になりますか。

A 共有物の全部又は持分が相続財産に属する場合においては、原則として裁判による共有物の分割の方法がとれません。ただし、共有物の持分が相続財産に属する場合に相続開始の時から10年を経過したときには、例外的に共有物分割訴訟による共有物の分割の方法をとることができます。

1 改正の趣旨

　共有物の全部又はその持分が相続財産に属する場合に、裁判による共有物の分割が可能かどうかという点につき、改正民法258条の2において規律が定められました。

　これは、遺産分割手続が関係する共有物の分割において、共有物分割訴訟が優先するのか、遺産分割手続が優先するのかというルールを定めたものです。

2 改正の内容

(1) 原　　則（改正民法258条の2第1項）

　この条文は共有物の全部又はその持分が相続財産に属する場合においては、裁判による共有物の分割（改正民258条）ができないという原則を定めたものです。

　これは、共有物分割請求訴訟に係る判決では遺産共有の解消をすることができないという現在の判例の理解[1]を明示したものです。

　共有物の全部が相続財産に属する場合においては、その分割は、遺産分割手続において解決すべき問題であることからそちらが優先するのは当然であるとしても、その持分が相続財産に属する場合であっても、明文で、裁判による共有物の分割の方法を用いることができない旨定められました。

　これは、共有物分割訴訟により、遺産分割手続に優先して共有物を分割し

---

(1) 最判昭和50年11月7日民集29巻10号1525頁

た場合、共有物分割の対象は遺産分割の対象から除外されることとなるところ、共有物分割訴訟には民法906条の適用がないことなどから、相続人に不測の不利益[2]をあたえる可能性があると考えられたからです。

（2）例 外（同条2項・3項）

しかしながら、上記規律があったとしても、相続開始後長期間が経過し、かつ、共有物分割の請求がされた後も遺産分割の申立てをしないなど、遺産分割における権利を行使しない場合には、裁判による共有物の分割の方法を認めても相続人に不測の不利益を与えるとは言えないことから、例外的に改正民法258条の規定を適用することができる旨定められました。

これは、相続の開始から10年間が経過していた場合には、今回の改正により10年の経過による具体的相続分の主張制限（改正民904条の3）が採用されたうえ、それまでに遺産の分割をするかどうかについて検討する機会が十分にあったと考えられることから、共有物分割の訴えがあった当初の段階で、当該訴訟において相続人間の分割をすることにつき異議の申出をするかどうかを決することを求めることとしても許容されるとの考えに基づくものです[3]。

したがって、相続人が共有物の分割について遺産分割手続を取った上で解決したい場合には、改正民法258条の2第2項ただし書き、3項に基づき、遺産分割の請求を行った上で、裁判所から共有物分割の請求があったことの通知を受けた日から2か月以内に同裁判所に異議の申出をする必要があります。

なお、共有物の全部が相続財産に属する場合においては、相続開始後10年の経過により具体的相続分の主張制限（改正民904条の3）がされ、遺産分割手続による解決がよりされやすくなっていることから、遺産分割手続により解決すべきであるとされ、この例外の範囲には含まれていません。

3　実務への影響

改正民法258条の2の新設により、共有物の全部又はその持分が相続財産

---

(2) ここでの不利益とは、具体的相続分が保障されないこと、また、共有物が遺産分割の対象から除外されることにより遺産分割において解決の柔軟性が失われることなどが想定されています。Q16参照

(3) 部会資料51・12頁

に属する場合には、原則として遺産分割手続が共有物分割訴訟に優先することが定められました。

　現状、所有者不明土地となっている共有物においてはその全部又はその持分が相続財産に属する場合は多いと考えられることから、その解決のための優先順位が示されたことは大きな意義を持つと考えられます。

　具体的には、共有物の全部が相続財産に属する場合には、遺産分割手続により分割を行い、共有物の持分が相続財産に属する場合には、相続財産に属する持分の部分については遺産分割手続に、相続財産に属する持分の部分とその他の部分との分割については共有物分割手続によって分割することになります[4][5]。

4　施行期日

　改正民法258条の2の施行日は、令和5年4月1日とされ、同日以降は、上記規律に従った訴訟の提起を行う必要があります。

（中林　祐太）

---

(4) 例えばABCで共有状態となっており、BCが遺産共有となっている場合には、AとBC間の分割が共有物分割の方法により解決され、BC間の分割は、別途遺産分割手続により分割されるということになります。

(5) 参考判例として前掲最判昭和50年11月7日民集29巻10号1525頁、最判平成25年11月29日民集67巻8号1736号も同旨

◆財産管理制度の見直し

Q21 所有者が不明な土地について、新たな管理制度が設けられたと聞きました。どのような制度か教えてください。また、従来の不在者財産管理人等との違いはどのようなものでしょうか。

A 利害関係人の申立てにより、所有者不明土地について、必要があると認めるときは、裁判所は、所有者不明土地管理人による管理を命ずる処分をすることができることとされました。従来の不在者財産管理人等が「人」単位の管理といわれるのに対し、新たな管理制度は「物」単位での管理が可能とされ、管轄裁判所も地方裁判所になりました。

1 背 景

従来、管理が放置された土地につき、所有者の所在が不明な場合は不在者財産管理制度が利用され、相続人不分明の場合は相続財産管理制度が利用されてきました。

しかしながら、上記管理制度は不在者の財産又は相続財産全般を管理することとされているため、これら財産全般を管理することを前提とした事務作業や費用等の負担を強いられ、事案の処理にも時間を要しているとの指摘や、申立人が納める予納金も上記作業量に見合った金額を求められる結果、申立てが差し控えられ、結局、土地が管理されずに放置され続けるとの指摘がありました。

そこで、不在者の財産又は相続財産全般でなく、個々の土地又は共有持分を管理の対象とした管理制度が新設されたものです（「人」単位でなく「物」単位での管理）。

なお、従来、土地共有者のうち複数名が所在不明になっている場合に、土地の管理のため不在者財産管理人を選任するにあたっては、利益相反回避のため、所在不明共有者それぞれについて管理人選任を要していましたが、新制度では、「物」単位での管理制度であることから、管理人1名で足りることとされ、管理事務の効率化及び予納金の低廉化が図られました。

（1）申立人の範囲

　申立人は、利害関係人とされています（改正民264条の2第1項）[(1)]。

　申立人の例としては、対象土地の土砂崩れなどにより危険が及ぶ隣地の所有者、一部の共有者が所在等不明の場合における他の共有者、対象土地（又は一部）の時効取得を主張する者、公共事業の実施者などが挙げられます[(2)]。

　なお、従来、不在者財産管理人の申立人とは、法律上の利害関係を有する者をいい、単なる購入希望者は利害関係人に該当しないとする見解が通説でした[(3)]。しかしながら、法制審においては、所有者不明土地問題解決促進の観点から、民間の買受希望者による申立てが認められるかにつき議論がされ、一律には言えないが所有者が代わることにより管理が適切にされるようになるのであれば利害関係人にあたる場合もあり得るとの説明が立法担当者よりされています[(4)]。

（2）管　　轄

　裁判を求める事項に係る不動産の所在地を管轄する地方裁判所の管轄に属します（改正非訴90条1項）。

（3）発令要件

　（A）所有者不明土地について、必要があると認めるときは、裁判所は、所有者不明土地管理人による管理を命ずる処分をすることができるとされました[(5)]。

---

(1)　なお、別途、所有者不明土地の利用の円滑化等に関する特別措置法において、国の行政機関の長又は地方公共団体の長にも、申立権が認められることとなりました（同法38条2項）。Q52参照。

(2)　部会資料33・3頁

(3)　谷口知平・石田喜久夫編集『新版注釈民法(1)総則(1)』（有斐閣、2002年）447頁〔田山輝明〕

(4)　第15回議事録4頁〔大谷発言〕

(5)　なお、表題部所有者不明土地の登記及び管理の適正化に関する法律との関係につきQ53参照

したがって、第三者による管理により対象土地が適切に管理されている場合には、管理人選任の必要性が認められず、申立てが却下されます。

　ここで、所有者不明土地とは、①所有者を知ることができない所有者特定不能の場合、②所有者の所在を知ることができない所在不明の場合（共有持分については、①共有者を知ることができず、又は②その所在を知ることができない場合）をいいます（改正民264条の2第1項）。相続人不存在の場合を含むと考えられています[6]。

　「所有者を知ることができない」といえるかや「所有者の所在を知ることができない」といえるかといった要件該当性については、裁判所が判断することとなりますが、所有者が自然人の場合、少なくとも不動産登記簿上及び住民票上の住所に居住していないかどうかを調査する必要がありますし、所有者死亡の場合には、戸籍調査の上、判明した相続人の住民票上の住所を調査することが必要となるでしょう[7]。

　また、所有者不明土地管理命令発令にあたっては、公告及び1か月以上で定める期間の経過が必要となっています（改正非訟90条2項）。

(B)　また、所有者不明土地管理命令は、所有者不明土地管理命令が発令された後に当該所有者不明土地管理命令が取り消された場合において、当該所有者不明土地管理命令の対象とされた土地又は共有持分及び当該所有者不明土地管理命令の効力が及ぶ動産の管理、処分その他の事由により所有者不明土地管理人が得た財産について、必要があると認めるときも、することができるとされています（改正民264条の2第3項）。

　所在不明でなく、所有者を特定できないケースでは、管理人は所有者が誰か分からないことを前提に供託しており、還付請求権を有することの確認の訴えの被告を誰にするか分からないことから、このようなケースに対処するための規定だと説明されています[8]。

（4）効力の範囲

　管理命令の効力は、対象土地及び対象共有持分の他、その土地にある動産（ただし、土地所有者又はその共有持分を有する者が所有するものに限りま

---

(6) 中間試案51頁
(7) 部会資料33・4頁
(8) 部会資料52・6頁

す。）並びに（３）の(B)の財産（これらを併せて「所有者不明土地等」といいます。）に及びます（改正民264条の２第２項、３項）。

（5）管理人の権限等

管理人の権限等については、Q24を参照してください。

所有者不明土地等の売却も裁判所の許可があれば、可能です。

もっとも、相続財産の清算人とは異なり、債務の弁済は管理人の権限に当然には含まれませんし、遺産分割の当事者となることもできません。

また、土地共有者のうち複数名が所在不明又は特定不能になっている場合には、不在者財産管理人や相続財産管理人と異なり、管理人１名で足ります（改正民264条の５第２項参照）。

（6）訴えの取扱い

所有者不明土地等に関する訴えについては、管理処分権が管理人に専属することから、管理人を原告又は被告とします（改正民法264条の４）。したがって、所有者は、管理命令が発令されたままの状態では、原告として所有者不明土地に関する訴えを提起することができず、第三者は、所有者を被告として、所有者不明土地に関する訴えを提起することができません。

（7）取消事由

管理すべき財産がなくなったとき（供託による場合を含む。）その他財産の管理を継続することが相当でなくなったとき[9]は、管理人若しくは利害関係人による申立て又は職権で取り消さなければならないとされています（改正非訟90条10項）。

また、所有者が対象土地の所有権が自己に帰属することを証明したときは、所有者による申立により取り消さなければなりません（改正非訟90条11項）。

なお、裁判所は、職権により、管理命令の変更及び取消しが可能とされています（改正非訟90条９項）。

---

3 施行期日

令和５年４月１日施行となっています。　　　　　　　　（平井　信二）

---

(9) 土地の管理の必要性がなくなった場合や、管理費用を賄うのが困難である場合などが想定されています（中間補足61頁）。

Q22 管理が十分でない土地について、新たな管理制度が設けられたと聞きました。どのような制度か教えてください。

A 所有者による土地の管理が不適当であることによって他人の権利又は法律上保護される利益が侵害され、又は侵害されるおそれがある場合につき、管理人による管理を可能とし、また「物」単位での管理を可能とした制度です。

1 背 景

従来、土地の管理が十分でなく、これにより自己の権利が侵害されるおそれがある場合には、土地所有者に対し、物権的請求権や人格権に基づく差止請求権を行使して危険等の除去を求めることが考えられていました。

しかしながら、訴えを提起する場合、求める措置の内容を具体的に特定して請求する必要があるところ、例えば対象土地の奥まで入り込めないときなど、対象土地の詳細な現状が分からないことから、措置の内容を具体的に特定することが困難な場合がありました。また、一回的な措置だけでなく継続的な管理が必要な場合も存在します。

そこで、管理人を通じた管理により、危険等の除去を図ることを可能とし、また、所有者不明土地管理制度と同様、管理人が行うべき事務を限定し、「物」単位の財産管理を可能としました。

2 管理不全土地管理命令制度の概要

（1）管 轄

裁判を求める事項に係る不動産の所在地を管轄する地方裁判所の管轄に属する（改正非訟91条1項）。

（2）発令要件

所有者による土地の管理が不適当であることによって他人の権利又は法律上保護される利益が侵害され、又は侵害されるおそれがある場合において、必要があると認めるときは、裁判所は、管理不全土地管理人による管理を命

ずる処分をすることができるとされました（改正民264条の9）。

　管理が不適当とは、所有者が遠方に居住しているため管理が放置されている場合だけでなく、所有者が管理不全土地上の建物に居住しているが管理が不十分な場合であっても、発令要件を満たしうると考えられています。所有者不明か否かに関わりません。

　もっとも、上記必要性の判断においては、管理人選任の相当性も考慮されることとなり、例えば、現に管理不全土地上の建物に居住し、所有者が当該土地を実際に利用している場合には、管理人による管理継続が相当でないとして管理命令が取り消されることが多いと思われ、最初から管理命令を発すること自体が必要性のないものとして、管理命令の申立てが却下されることになるとされています[1]。

　また、土地の所有者が管理不全土地管理人による管理を拒む行為をすることが想定されるケースでは、管理不全土地管理人に管理をさせることが相当ではなく、物権的請求権等の他の方策により是正すべきで、このようなケースの多くは、相当性を欠くとして管理命令が発令されないとされています[2]。

　管理不全土地管理命令発令にあたっては、所有者の陳述を聴くことが原則として必要とされています（改正非訟91条3項1号）。

　なお、所有者不明土地が管理不全状態にある場合につき、所有者不明土地管理命令と管理不全土地管理命令のどちらの申立てをするかは、申立人の選択に委ねられています[3]。

（3）申立人の範囲

　申立人は、利害関係人とされています（改正民264条の9第1項）[4]。

---

(1) 部会資料52・13頁。第22回議事録20〜22頁〔大谷発言〕
(2) 部会資料50・5頁。同56・22頁
(3) 中間補足70頁
(4) なお、本改正後、所有者不明土地の利用の円滑化等に関する特別措置法において、①法律の目的に、所有者不明土地の管理の適正化を追加するとともに、②管理不全所有者不明土地（「所有者不明土地のうち、所有者による管理が実施されておらず、かつ、引き続き管理が実施されないことが確実であると見込まれるもの」）については、災害の発生等を防止するために特に必要があると認めるときは、市町村長に、管理不全土地管理命令の申立権を認めること（さらに、同土地上の建物についてもその適切な管理のために特に必要があると認めるときは、所有者不明建物管理命令又は管理不全建物管理命令を

所有者が土地を管理していないことにより権利又は法律上の利益が侵害され、又は侵害されるおそれがある者が該当します。例えば、土砂崩れのおそれがある土地の隣地の所有者などです。

（4）効力の範囲

管理命令の効力は、対象土地の他、その土地にある動産（ただし、土地所有者又はその共有持分を有する者が所有するものに限ります。）に及びます（改正民264条の9第2項）。

他人の権利等の侵害又は侵害されるおそれが問題とされるため、所有者不明土地管理制度と異なり、持分のみを対象として管理命令が発令されることはなく、土地単位で発令がされます。

（5）管理人の権限等

管理人の権限等については、Q24をご参照ください。

管理不全土地の売却も裁判所の許可が必要ですが（改正民264条の10第2項）、所有者不明土地管理制度と異なり、さらに所有者の同意が必要とされています（同条3項）。

また、相続財産の清算人と異なり、債務の弁済は管理人の権限に当然には含まれませんし、遺産分割の当事者となることもできないことは、所有者不明土地管理人と同様です。

（6）訴えの取扱い

所有者不明土地管理命令と異なり、管理不全土地に関する訴えについて、管理人を原告又は被告とする取扱いは定められておらず、管理人には被告適格がないとされています[5]。

もっとも、所有者との関係では個別に考慮することが必要で、当初は所有

併せて申し立てることも認める。）、③国の行政機関の長又は地方公共団体の長が、所有者不明土地管理命令の申立てをする際に、同土地上の建物についてもその適切な管理のために特に必要があると認めるときは、所有者不明建物管理命令又は管理不全建物管理命令を併せて申し立てることも認める等を内容とする改正法案が令和4年2月4日閣議決定され、同年4月27日成立しました。Q52参照。

(5) 部会資料52・16頁

者が全く土地を利用せず放置していたが、管理人選任後に管理人による管理を妨害する場合には、管理権侵害を根拠として、管理人が所有者に対し妨害の差し止めを求める可能性が指摘されています[6]。

（7）取消事由

管理すべき財産がなくなったとき（供託による場合を含む。）その他財産の管理を継続することが相当でなくなったときは、管理人又は利害関係人による申し立て又は職権で取り消さなければならないとされています（改正非訟91条7項）。

なお、裁判所は、職権により、管理命令の変更及び取消しが可能とされています（改正非訟91条6項）。

3　施行期日

令和5年4月1日施行となっています。

（平井　信二）

---

(6) 部会資料52・16頁。第22回議事録21～22頁〔大谷発言〕

Q23 建物については、新たな管理制度は設けられていないのでしょうか。

A 建物についても、所有者不明土地管理制度及び管理不全土地管理制度と同様の制度が新たに設けられています。

1 背　　景

このたびの改正は、所有者不明土地問題を端緒として検討が開始されたものですが、建物の所有者又は共有者やそれらの所在が不明である場合においても、建物の利用・管理に支障が生じ、土地と同様、社会経済に悪影響を与えることが考えられます。

そこで、建物についても、不在者等の財産全般を管理しなければならない従来の不在者財産管理人制度等の利用によるコスト等の負担を軽減する観点から、個々の建物又は共有持分を管理の対象とした「物」単位の管理制度が新設されました[1]。

2 所有者不明建物管理命令制度の概要

管理命令の効力が、命令の対象とされた建物だけでなく、その敷地利用権に対しても及ぶほかは、所有者不明土地管理制度の内容と同様の規律となっています（改正民264条の8）。

建物を管理する際には土地に立ち入る必要もあることや、建物を譲渡する際に、敷地利用権も併せて譲渡することを可能とするため、敷地利用権にも効力が及ぶことが明記されています[2]。

なお、区分所有建物の専用部分及び共用部分について、所有者不明建物管理制度は適用されません（改正建物区分6条4項）。

建物の取壊しについては、基本的に許されないとされています。もっとも、建物の存立を前提としてその適切な管理を続けるのが困難なケースで、所有者の出現可能性や建物を取り壊した場合に建物の所有者に生ずる不利益の程

---

(1) 法制審議会では、建物を土地と同じ位置付けで整理するのか、それとも土地の管理に必要な範囲で建物を取り込むかなどが議論されました（中間補足64頁及び72頁など）。
(2) 部会資料44・4頁

度などを考慮した上で、建物を取り壊すことが必要かつ相当と認められる場合には、裁判所の許可を得たうえで、建物を取り壊すことも可能だと考えられています[3]。

3 管理不全建物管理命令制度

　管理命令の効力が、命令の対象とされた建物だけでなく、その敷地利用権に対しても及ぶほかは、管理不全土地管理制度の内容と同様の規律となっています（改正民264条の14）。

　区分所有建物の専用部分及び共用部分について適用されないことは、所有者不明建物管理制度と同様です（改正建物区分6条4項）。

　建物の処分（売却や取壊し等）には、裁判所の許可の他、所有者の同意が必要です（同条4項により準用される264条の10第3項）。

　いわゆるごみ屋敷につき、建物所有者が遠方に居住しており、建物を放置して居住者もいない、あるいは居住者がいても管理人の求めに応じて任意に退出することが見込まれるケースについては管理不全建物管理制度の利用が可能ですが、居住者が管理人による管理を妨げることが見込まれるケースでは利用が困難であり、物権的請求権等の行使によって解決することが適当だと整理されています[4]。

4 施 行 期 日

　令和5年4月1日施行となっています。

（平井　信二）

---

(3) 衆議院法務委員会令和3年3月30日議事録8〜9頁〔小出発言〕
(4) 同4頁〔小出発言〕

Q24
所有者不明土地（建物）管理人と管理不全土地（建物）管理人の権限や義務、法律上の位置、解任及び辞任、費用・報酬等とで、違いはありますか。

A 解任及び辞任、費用・報酬に関する規律は同じですが、処分にあたり所有者の同意が必要か否かなど、各管理制度の性質に応じて、差異が設けられています。

1 　所有者不明土地管理人について

（1）権　　限

（A）総　　論

　　所有者不明土地管理人は、以下の①ないし③の財産（以下「所有者不明土地等」という。）につき、管理及び処分をする権限を有しています（改正民264条の3第1項）。

① 　所有者不明土地管理命令（以下「管理命令」という。）の対象とされた土地又は共有持分

② 　所有者不明土地上にある動産（ただし、土地所有者又は当該不明共有者が所有するものに限ります。）

③ 　①及び②の管理、処分その他の事由により管理人が得た財産

　　管理命令が発出されている間、上記権限は、管理人と取引をする第三者との取引安全を図る観点から、管理人に専属するものとされました。

　　また、管理命令が発令された場合、裁判所書記官により、管理命令の登記の嘱託がなされ、不動産登記上、管理命令が発令されていることが公示されます（改正非訟90条6項。管理命令取消し時における抹消登記嘱託については同7項）。

　　もっとも、①保存行為や②性質を変えない範囲内における利用又は改良行為の範囲を超える行為をする場合には、裁判所の許可が必要となります。ただし、許可がないことにつき善意の第三者には対抗することができないとされ、ここにおいても、管理人による所有者不明土地に関する取引の安全が図られています。

　　なお、管理人が得た上記③の財産が金銭の場合、管理人は、所有者の

ために、同金銭を供託することができ、この場合、法務省令が定める一定事項の公告がされます（改正非訟90条8項）。

(B) 売却の許可

　裁判所の許可にあたっては、所有者不明土地の適切な管理を実現するとともに、その円滑、適正な利用を図るという所有者不明土地管理制度の趣旨に照らし、売却が適正な土地の管理の観点から相当であるかどうか、所有者の帰来可能性を踏まえ、売却によって所有者の利益を害することにならないか、売却代金は相当かなどの観点から、総合的に判断されると考えられます（建物も同様）[1]。

(C) 債務の弁済

　管理人は、土地を管理するものであり、土地所有者の債務（固定資産税債務を含む。）を管理するものではなく、その債務の弁済はその職務の内容に当然には含まれません[2]。

　もっとも、管理人が土地を売却するとともに、その代金をもって土地に設定された抵当権の被担保債務を弁済して抵当権の設定登記の抹消を行うことが管理上相当であるケースにおいて、管理人がその弁済をすることが一律に禁じられるものではないとされます[3]。この場合でも、債権調査の権限を有しない管理人が被担保債権の残額を正確に把握できるかとの問題点がさらに指摘されています。

(D) 遺 産 分 割

　管理人は、遺産分割の当事者となることはできません。

　もっとも、裁判所の許可を得て、遺産共有持分を処分することは可能です[4]。

---

(1) 衆議院法務委員会令和3年3月24日議事録10頁〔小出発言〕
(2) 中間補足57頁
(3) 部会資料43・6頁
(4) 部会資料33・12頁

（2）義　　務

　管理人は、所有者又は共有持分を有する者に対し、善管注意義務を負います（改正民264条の5第1項）。

　また、数名の共有持分を対象として管理命令が発せられた場合、管理人は、共有持分を有する全員に対し、誠実公平義務を負います（同条第2項）。

　なお、所有者の申立てにより、管理命令が取り消された場合、管理人は所有者に対し、事務の経過及び結果を報告するとともに、管理財産を引き渡すとの引継義務を負います（改正非訟90条11項）。

（3）法律上の地位

　管理人の法律上の地位につき、所有者の代理人と理解するか、土地の管理を職責とする職務上の管理者と理解するかが法制審において議論されましたが、管理人の法律上の地位からその権限が演繹的に導き出されるわけでもないとして、解釈に委ねられました[5]。

　管理命令が発令された所有者不明土地等に関する訴えについては、管理人を原告又は被告とするとされました（改正民264条の4）。

　また、管理命令が発せられた場合、当該所有者不明土地等の所有者を当事者とする所有者不明土地等に関する訴訟手続は中断することとされ、管理人は同訴訟手続を受継することができます（改正民訴125条1項）。

　なお、管理命令が取り消された場合、管理人を当事者とする所有者不明土地等に関する訴訟手続は中断し、所有者は同訴訟手続を受継しなければなりません（同2項）。

（4）解任及び辞任

　管理人がその任務に違反して所有者不明土地等に著しい損害を与えたことその他重要な事由があるときは、利害関係人の請求により、裁判所は解任できます（改正民264条の6第1項）。

　また、管理人は、正当な事由がある場合には、裁判所の許可を得て辞任できます（同条2項）。

---

(5) 中間補足55頁

（5）費用・報酬

　管理人は、所有者不明土地等から裁判所が定める額の費用の前払い及び報酬を受けることができます（改正民264条の7第1項）[6]。

　また、管理人による所有者不明土地等の管理に必要な費用及び報酬は、所有者の負担とされています（同条2項）。

　もっとも、報酬等を所有者が任意に支払うことは期待できないことから、所有者不明土地等の売却や賃貸等により資金捻出できない限り、申立人が予納した予納金から支出されることが多いでしょう。

２　所有者不明建物管理人について

（1）権　　限

　所有者不明建物管理人は、以下の①ないし④の財産（以下「所有者不明建物等」という。）につき、管理及び処分をする権限を有しています（改正民264条の8第2項及び同条5項）。

　①　所有者不明建物管理命令（以下「管理命令」という。）の対象とされた
　　建物又は共有持分

　②　所有者不明建物にある動産（ただし、建物所有者又は当該不明共有者
　　が所有するものに限ります。）

　③　建物の敷地に関する権利（Q23参照）

　④　①、②及び③の管理、処分その他の事由により管理人が得た財産

（2）そ　の　他

　所有者不明建物管理人の権限、義務、解任及び辞任、報酬等に関する規律は、所有者不明土地管理人と同様です（改正民264条の8第5項、改正非訟90条16項）。

３　管理不全土地管理人について

（1）権　　限

　管理不全土地管理人は、以下の①ないし③の財産（以下「管理不全土地等」

---

(6) 管理人の陳述を聴取することにつき、改正非訟90条4項

という。）につき、管理及び処分をする権限を有しています（改正民264条の10）。

① 管理不全土地管理命令（以下「管理命令」という。）の対象とされた土地

② 管理不全土地にある動産（ただし、土地所有者又はその共有持分権者が所有するものに限ります）

③ ①及び②の管理、処分その他の事由により管理人が得た財産

もっとも、①保存行為、又は②性質を変えない範囲内における利用又は改良行為の範囲を超える行為を管理人がする場合には、裁判所の許可が必要となります。

ただし、許可がないことにつき善意無過失[7]の第三者には対抗することができないとされ、管理人による管理不全土地に関する取引の安全が図られています。また、所有者不明土地管理人と異なり、管理不全土地の処分に対し許可をするには、所有者の同意が必要とされています（同条3項）。

また、管理人が得た上記③の財産が金銭の場合、管理人は、所有者のために、同金銭を供託することができます（改正非訟91条5項）。同金銭を所有者に引き渡すことも可能です[8]。

なお、所有者不明土地管理人と異なり、管理不全土地管理人には、上記権限は専属しません[9]。

（2）義　　務

管理不全土地管理人は、善管注意義務及び誠実公平義務を負います（改正民264条の11）。

所有者又は共有持分を有する者のために負うことは、所有者不明土地管理人と同様です。法制審議会では、管理不全土地管理人は、所有者の意に沿わない管理を行わざるを得ない場合もあることから、所有者に対する善管注意

---

(7) これに対し、所有者不明土地管理制度における第三者保護要件は善意とされています（改正民264条の3第2項）。その違いは、管理不全土地管理人は、所有者が判明しているときでも選任され、所有者の静的安全に一層の配慮をする必要があることからです。

(8) 第22回議事録24頁〔大谷発言〕

(9) なお、所有者不明土地管理人と異なり、選任時における嘱託登記（改正非訟90条6項）と同様の規定は設けられていません。第22回議事録23頁〔大谷発言〕参照

義務の規定を置かないこととすべきとの意見もありました。しかしながら、管理不全土地管理人は、土地の適切な管理を実現するために選任されるものであり、他方で、善管注意義務の相手方を土地所有者とすることは、管理不全土地の所有者の利益を害さないように行動しなければならないということを意味するものであって、管理人の選任目的と相反するものではなく、同規律を置く必要があるとされました[10][11]。

（3）法律上の地位

　所有者不明土地管理人と同様、法律上の地位を所有者の代理人と理解するか、土地の管理を職責とする職務上の管理者と理解するかが問題となりますが、管理人の法律上の地位からその権限が演繹的に導き出されるわけでもないとの整理は同様でしょう。

　管理不全土地管理命令は土地所有者の管理処分権を制限するものではないため、管理命令により、管理不全土地管理人が管理不全土地に関する訴訟（例えば、所有権確認訴訟）の被告適格を取得することはありません。同被告適格は、管理命令の発令後も、管理不全土地の所有者が有することとなります[12]。

　また、所有者不明土地管理人と異なり、訴訟手続の中断や受継に関する規定は設けられていません。

（4）解任及び辞任

　所有者不明土地管理人と同様の規定となっています（改正民264条の12、改正非訟91条1項、2項、3項3号、4項3号、4号、8項3号、9項2号）。

（5）費用・報酬

　所有者不明土地管理人と同様、管理不全土地管理人は、管理不全土地等か

---

(10) 部会資料52・16〜17頁
(11) もっとも、土地の所有者が管理不全土地管理人による管理を拒む行為をすることが想定されるケースでは、そもそも発令がなされない場合が多いと考えられることにつき、Q22参照
(12) 部会資料52・16頁

ら費用の前払及び報酬を受けることができ、管理不全土地等の管理に必要な費用及び報酬は所有者の負担となっています（改正民264条の13）。

　もっとも、報酬等を管理不全土地の所有者が任意に支払うことは期待できず、いったんは申立人が予納した予納金から支出され、予納金を納めた申立人は、管理不全土地の所有者に対して、求償することとなるでしょう[(13)]。

4　管理不全建物管理人について

（1）権　　限

　管理不全建物管理人は、以下の①ないし④の財産（以下「管理不全建物等」といいます。）につき、管理及び処分をする権限を有しています（改正民264条の14第2項及び同条4項）。

① 　管理不全建物管理命令（以下「管理命令」という。）の対象とされた建物

② 　管理不全建物にある動産（ただし、建物所有者又はその共有持分権者が所有するものに限ります。）

③ 　管理不全建物の敷地に関する権利（Q23参照）

④ 　①、②及び③の管理、処分その他の事由により管理人が得た財産

（2）そ　の　他

　管理不全建物管理人の権限、義務、解任及び辞任、報酬等に関する規律は、管理不全土地管理人と同様です（改正民264条の14第4項、改正非訴91条10項）。

（平井　信二）

---

(13) 衆議院法務委員会令和3年3月30日議事録4頁〔小出発言〕

Q25 相続財産管理人制度についてどのような改正がされましたか。

A ①これまで隙間となっていた期間（単純承認から遺産分割まで）を含め、相続財産の保存を目的とする統一的な相続財産管理制度を創設するとともに、②これらと区別するため、相続財産の清算を目的とする相続財産管理人を「相続財産の清算人」に名称を改めた上、公告手続が合理化されました。また、③不在者財産管理制度における金銭の供託等に関する制度（相続財産管理制度にも準用）も創設されました。

1 改正の趣旨と概要

　改正前民法上、相続人が判明している場合、裁判所は、①熟慮期間中（改正前民918条2項）、②限定承認がされた後（同法926条2項）、及び③相続放棄後（同法940条2項）の各段階において相続財産の保存を目的とする相続財産管理人を選任することができ、また、限定承認後（同法936条1項）及び相続人不分明の場合（同法952条1項）においては、それぞれ相続財産の清算を目的とする相続財産管理人を選任しなければなりません。裏を返せば、改正前民法上、数人の相続人が相続の承認をした後、遺産分割がされるまでの間においては相続財産管理人を選任することができず（ただし、家事200条に定める遺産管理人の制度があります。)[1]、また、相続人が不分明の場合には相続財産の保存のみを目的とする相続財産管理人を選任することができないということになります。

　しかし、実際には、相続人が数人存在し単純承認がされた場合でも、相続人の一部が所在不明あるいは相続財産の管理に関心がないなどの理由で相続財産の適切な保存がされないケースや、相続人不分明でも手続が重くコストがかかる清算までは必要とせず、保存だけで足りるというケースなどもあり

---

(1) 改正前民法918条2項では「いつでも」と規定されていますが、同条1項と2項を一体的なものと捉え、同条は熟慮期間中であることを前提とした規定と解するのが一般的といえます（潮見佳男編『新注釈民法(19)相続(1)』（有斐閣、2020年）523頁〔幡野弘樹〕）。もっとも、大阪家庭裁判所ではケースによっては単純承認後でも同条2項による相続財産管理人を選任する運用がされています。

えます。

　そこで、改正民法は、単純承認後、遺産分割前のように相続財産が暫定的な共有状態にある場合や相続人不分明の場合でも相続財産を適切に保存するための相続財産管理人を選任できるようにして相続財産管理制度の隙間を埋めるとともに、各段階における相続財産管理制度を一つの制度に統一して相続財産の保存のための包括的な相続財産管理制度を創設し（改正民897条の2を創設し改正前民918条2項、3項を削除）、各段階をまたいで同一の相続財産管理人による管理を継続できるようにしました。一方、相続財産の清算を目的とする相続財産管理人をこの保存を目的とする相続財産管理人と区別するために「相続財産の清算人」という名称に改め（改正民936条、952条）、かつ、公告期間を短縮して清算手続の合理化も図られました（同法952条2項・957条1項）。

　さらに、従来、不在者財産管理人が管理する財産が現預金のみになった場合に手続を終了できるのかが明確ではなかったところ、不在者財産管理人による金銭の供託を認めるとともに（改正家事146条の2）、管理財産の全部が供託されたときには管理人選任処分を取り消すことができるという規定が設けられました（同法147条括弧書）。そして、これらの規定は相続財産の保存を目的とする相続財産管理制度にも準用されます（同法190条の2第2項）。

　以下では、保存を目的とする新たな相続財産管理制度の概要について解説し、相続財産清算人についてはQ28で、不在者財産管理制度等における供託等の規律についてはQ27で解説します。

2　新たな相続財産管理人制度の概要（改正民法897条の2）

（1）選任の要件

（A）申立権者

　改正前民法と同様、利害関係人(2)又は検察官です。

（B）管理人選任の必要性

　条文上明記はされていませんが、相続財産管理人を選任する必要性があ

---

(2) 被相続人の債権者、特定遺贈の受遺者、特別縁故者、相続放棄者、被相続人との財産共有者など。

ることが要件になります。例えば、相続財産に属する財産について相続人が保存行為をせず、あるいは相続人不分明のためにその物理的状態や経済的価値を維持することが困難であると認められ、相続人に代わる第三者に保存行為をさせる必要があるときなどがこれにあたります[3]。なお、相続財産の処分のために管理人の選任を申し立てることは、基本的にはこの必要性の要件を欠くものと解されます[4]。

(C) 除外される場合

　上記必要性の要件との関係で、相続人が一人である場合において当該相続人が単純承認したとき、相続人が数人いる場合において遺産の全部の分割がされたとき、また、改正民法952条1項により相続財産清算人が選任されているときは除外されます（改正民897条の2第1項但書）。

（2）管理人の権限・義務

(A) 権　　限

　現行の相続財産管理人と同様、不在者財産管理人に関する規定（民27条ないし29条）が準用され（改正民897条の2第2項）、相続財産の保存を目的とする相続財産管理人は、保存行為、利用・改良行為及び裁判所の許可を得て処分行為をする権限を有します。

(B) 義　　務

　義務についても現行の相続財産管理人と変わらず、その職務を遂行するに際して善管注意義務を負います。

3　　実務への影響

（1）実務への影響一般

以上のとおり、これまで認められていなかった単純承認から遺産分割までの間や相続人不分明の場面でも保存を目的とする相続財産管理人を選任することができることになったことで、相続開始後、切れ目なく相続財産管理人

---

(3) 部会資料34・11頁

(4) 同上

による管理を行うことができるようになり、所有者死亡によって不動産など
が誰にも管理されず放置されるなどといったケースが減少することが期待さ
れます。また、成年被後見人の死亡後、相続人間に争いがあるなどして、元
成年後見人が遺産の引継ぎに支障を来すケースなどでの活用も可能となりま
す。

（2） 所有者不明土地管理制度との関係

　相続財産に属する財産が土地であり、その所有者（相続人）の所在等が不
明である場合には、その土地の適切な管理のために所有者不明土地管理命令
の申立てをすることも可能です。保存を目的とする相続財産管理制度と所有
者不明土地管理制度は、このように活用場面が重なることもありえますが、
保存を目的とする相続財産管理制度においては、相続人の所在は判明してい
るが相続財産の管理に意欲を失っている場合でも対応可能であることや、土
地以外の相続財産も含めて管理の対象となること、相続財産の管理の費用は
相続財産から支弁されること（民885条）などの違いがあり、事案に応じて
いずれの管理制度を用いるかの使い分けがされると考えられます[5]。

（3） 相続紛争事案における遺産の保全

　相続について紛争がある事案において、遺産の隠匿防止や遺産調査を目的
として相続財産の保存を目的とする相続財産管理人の選任が認められるかと
いう問題があります。この点、遺産の隠匿防止等を図るために相続財産管理
制度を用いるのであれば、相続人の管理処分権を制限し、相続人の管理する
財産を強制的に相続財産管理人の管理下に移す必要があると考えられるとこ
ろ、相続財産管理人が選任された場合に相続人の管理権限が制限されるかは
見解が分かれており、このような事案では基本的には家事事件手続法200条
に基づく「財産の管理者」の選任で対応すべきであると解されます[6]。

4	施 行 期 日

　令和5年4月1日です。ただし、施行日前に改正前民法918条2項（926条

---

(5) 部会資料34・11頁
(6) 部会資料34・11頁、同13頁

2項、940条2項において準用される場合を含む。）によりされた相続財産管理人選任の申立て及び決定は、施行日以後は、改正民法897条の2によるものとみなされます（附則2条）。

　なお、施行日前に改正前民法936条1項により選任された相続財産管理人は、施行日以後は、改正民法936条1項により選任された相続財産清算人とみなされ（附則4条1項）、改正前民法952条1項により選任された相続財産管理人は、施行日後は、改正民法940条1項及び953条から956条までの規定の適用については、改正民法952条1項により選任された相続財産清算人とみなされます（附則4条2項）。また、改正前民法952条1項によりされた相続財産管理人選任の申立ては、施行日後は、改正民法952条1項によりされた相続財産清算人選任の申立てとみなされます（附則4条3項）。

（中森　　亘）

Q26

相続放棄者による相続財産の管理義務についてどのような改正がされましたか。

A 相続放棄者の相続財産の管理義務については、改正前民法上、その内容等が不明確でしたが、改正民法により、①相続放棄時に相続財産に属する財産を現に占有している場合に、②相続人又は相続財産清算人（改正民952条1項）に当該財産を引き渡すまでの間、③自己の財産におけるのと同一の注意をもって保存する義務を負う旨、明確化されました。

1 改正の趣旨

改正前民法940条1項では、相続放棄者は、「放棄によって相続人となった者が相続財産の管理を始めることができるまで、自己の財産におけるのと同一の注意をもって、その財産の管理を継続しなければならない」と規定されていますが、例えば、法定相続人全員が相続放棄をし次順位の相続人が存在しない場合や、相続放棄者が相続財産を占有せず、あるいは把握もしていない場合などにおける相続放棄者の義務の内容等が明らかではなく、相続放棄者が予期しない負担を強いられるおそれもありました。

そこで、改正民法940条1項は、相続放棄者は、①「放棄の時に相続財産に属する財産を現に占有しているとき」は、②「相続人又は第952条第1項の相続財産の清算人に対して当該財産を引き渡すまでの間」、③「自己の財産におけるのと同一の注意をもって、その財産を保存しなければならない」として、相続による不利益を回避するという相続放棄制度の趣旨を重視する観点から、相続放棄者の義務の内容を保存義務とした上でその発生要件や終期等を明確にしました。

2 義務の概要

（1）発生要件

相続放棄者が放棄時に相続財産に属する財産を「現に占有」していることが保存義務の発生要件になります。占有は直接的か間接的かを問いませんが、相続により観念的に承継したにすぎない財産は除外されます。

（2）義務の内容

「保存しなければならない」とは、積極的に財産の現状を維持するために必要な行為をすることまでを要求する意味ではなく、財産の現状を滅失させ又は損傷する行為をしてはならないことのみを意味します[1]。

（3）義務の程度

義務の程度は、改正前民法と同様、「自己の財産におけるのと同一の注意」とされます。これは、熟慮期間中の注意義務である「その固有財産におけるのと同一の注意」（改正民918条1項）と同等の義務を意味します。なお、義務の相手方は、他の相続人（放棄によって相続人となった者を含みます。）又は相続財産法人（放棄により相続人不分明となった場合）と解されます[2]。

（4）義務の終期

相続人又は改正民法952条1項の相続財産清算人（改正前民952条1項でいう相続財産管理人。なお、相続財産清算人が選任されていない場合には、相続放棄者が利害関係人として家庭裁判所に対し選任の申立てができると解されます[3]。）に対して対象財産を引き渡した時点で保存義務は終了します。なお、相続財産の引渡義務の履行が不可分債権にかかる債務の履行に当たる場合には、相続放棄者は、相続人のうちの一人に対して引渡し義務の履行をすれば足りると解されます。

なお、相続人が引渡しの受領を拒んだ場合又は受領できない場合、相続放棄者は引渡債務の弁済供託を行うことで保存義務を免れることができると解されます（民494条1項1号・2号）。また、対象財産が土地であるなど金銭以外の財産の場合であって供託に適さない場合等は、裁判所の許可を得て競売に付し、その代金を供託することができると解されます（同497条参照）[4]。

---

(1) 部会資料29・3頁

(2) 同上

(3) 立法過程では、相続放棄者に選任申立ての義務まで負わせるべきか否かについても検討されましたが、選任申立てには予納金が必要になるところ、相続財産の価値が乏しい場合には相続放棄者が負担した予納金相当額を回収できなくなるおそれがあり、結局、相続による不利益を課すことになるとして見送られました（中間補足92頁）。

(4) 部会資料29・4頁

3 実務への影響

　相続放棄者の保存義務の発生要件や終期等が明確にされたことにより、相続放棄者が予期せぬ負担を負わされたり、保存義務から解放されずに延々と負担を負わされ続けたりということも無くなるものと考えられます。

4 施行期日

　令和5年4月1日です。

（中森　　亘）

Q27 不在者財産管理制度等における供託や管理処分の取消しに関し、どのような改正がされましたか。

A 不在者財産管理人は、不在者財産の管理、処分その他の事由により生じた金銭を供託できるようにし、管理すべき財産の全部が供託されたときは、家庭裁判所は管理人選任の処分を取り消すことができるように規律が改められました。なお、これらの規律は、相続財産の保存を目的とする相続財産管理人にも準用されます。

1 改正の趣旨と内容

　現行の不在者財産管理制度においては、財産管理の必要性や財産価値に比して管理費用が不相当に高額になった場合など、財産の管理を継続することが相当でなくなったときは、不在者財産管理人の選任その他の管理処分の取消しの審判をすることとされています（家事147条）。しかし、管理対象財産として現金や預貯金債権のみが残存している場合、これが「財産の管理を継続することが相当でなくなったとき」に該当するといえるか否かが明確でなく、実務上、金銭が存在する限り管理を継続している事案があるといわれています。このような事案において不在者財産の管理を継続するしかないとすると、不在者財産管理人の負担が増加するだけでなく、不在者の財産が充てられる管理費用や報酬も増加して、不在者の利益にむしろ反する結果となってしまうおそれがあります。

　そこで、不在者の利益を図りながら管理事務の適正化を図るために、不在者財産管理人が管理している金銭の供託を認め（改正家事146条の２第１項）、管理対象の財産の全部につき供託がされた場合には「財産の管理を継続することが相当でなくなったとき」に該当するものとして（同法147条括弧書）、家庭裁判所が選任処分を取り消すことにより手続を終了させることを可能にしました。なお、不在者財産管理人は、供託の事実を不在者や第三者が認識できるようにするため、供託した旨を公告しなければなりません（同法146条の２第２項）。

　以上の規律は、相続財産の保存を目的とする相続財産管理人にも準用されます（同法190条の２第２項）。

2　実務への影響

　不在者財産管理人等による金銭の供託を認め、全部の財産が供託されたときはその任務も終了するということになれば、管理人の負担が軽減され、管理人候補者にとっては業務の終了時期を見通すことができるようになり、就任しやすくなると考えられます[1]。また、管理人の負担軽減により予納金の額が少額化すれば、管理人の選任申立てもしやすくなると期待されます。

3　施行期日

　令和5年4月1日です。

（中森　　亘）

---

(1) 裁判所が職務内容を限定することができる旨を明確化することの可否も検討されましたが、裁判所が管理人の職務を特定のものに限定することが不在者の利益に適うか否かを適切に判断することは困難であり、また、そもそも、不在者の利益の保護を図るために不在者の財産全体を管理するという制度趣旨との整合性も問題になるとの意見があり、現行法上、職務内容の限定をしても不在者の利益の保護を図るという制度趣旨を損わないと認められる場合には、「必要な処分を命ずることができる」という文言に照らしても、職務内容を限定することができると解釈する余地もあることから、その可否については明文化せず、解釈に委ねられることになりました。実際、処分の取消しに関する運用上の工夫により、実質的には不在者財産管理人の職務の限定と同様の結果を得ることも不可能ではなく、また、所有者不明土地管理制度等が創設されることもあり、不在者財産管理人の職務を限定することが可能である旨の規律までは不要との指摘もされました（部会資料34・2頁）。

Q28

相続財産清算人とは何ですか。また、相続財産の清算手続についてどのように規律が見直されましたか。

改正民法により相続財産の保存を目的とする相続財産管理制度が統一されましたが（Q25参照）、これらと区別するために、相続財産の清算を目的とする相続財産管理人については「相続財産の清算人」に名称が改められ、また、相続人不分明の場合における相続財産の清算手続における公告手続も合理化されました。

1 改正の趣旨

改正前民法上、相続財産の清算を目的とする相続財産管理制度としては、限定承認後の職権によるもの（改正前民936条2項）と相続人不分明により相続財産法人が成立する場合のもの（同法952条）があります。改正前民法により、改正前民法上隙間となっていた、単純承認後、遺産分割までの間も相続財産の保存のための相続財産管理人を選任できるようにして、相続財産の保存を目的とする相続財産管理制度が統一されたことに伴い（改正民897条の2。Q25参照）、相続財産の清算を目的とする相続財産管理人をこれらと区別するため、「相続財産の清算人」との名称に改められました（同法936条、952条）。

また、相続財産不分明の場合における清算のための相続財産管理制度においては手続が必要以上に重く、時間がかかる等の問題が指摘されていたことから、公告手続の合理化も図られました（同法952条2項、957条1項）。

2 公告手続の見直し

（1）現行法の規律

改正前民法上、相続人不分明の場合における清算を目的とする相続財産管理制度においては、①相続財産管理人選任の公告を2か月間行った後（改正前民952条2項）、②相続債権者らに対し請求申出を求める公告を2か月間（同法957条1項）、さらに③相続人捜索の公告を6か月間行うこととされ（同法958条）、これらが順次行われることから合計10か月間以上もの公告期間を要することになっています。

（2）改正民法の規律

改正民法では、まず、①家庭裁判所が同法952条1項に基づく相続財産清算人を選任した場合、同裁判所は、遅滞なく、その旨及び相続人があるならば一定の期間内（6か月を下ることができない。）にその権利を主張すべき旨を公告する必要があるとした上で（同条2項）、②①の公告があった場合、相続財産清算人は、すべての相続債権者及び受遺者に対し、2か月以上の期間を定めて、その期間内にその請求の申出をすべき旨を公告しなければならないとされました（同法957条1項前段）。そして、②の公告期間は、①の公告期間内に満了するものでなければならないとされたことから（同項後段）、上記のとおり改正前民法では公告期間として10か月を要していたものが、改正民法により6か月に短縮されることになります。

3　実務への影響

改正前民法では、清算を目的とする相続財産管理制度においては、相続財産の実質的な清算が終了しても、公告手続のために10か月以上の期間を待たなければならず、その分、コストも要していました。改正民法により、公告期間が6か月に短縮され、コストも抑えられることから、相続財産管理制度の活用の増加が期待されます。

4　施行期日

令和5年4月1日です。ただし、施行日前に改正前民法936条1項により選任された相続財産管理人は、施行日以後は、改正民法936条1項により選任された相続財産清算人とみなされ（附則4条1項）、改正前民法952条1項により選任された相続財産管理人は、施行日後は、改正民法940条1項及び953条から956条までの規定の適用については、改正民法952条1項により選任された相続財産清算人とみなされます（附則4条2項）。また、改正前民法952条1項によりされた相続財産管理人選任の申立ては、施行日後は、改正民法952条1項によりされた相続財産清算人選任の申立てとみなされます（附則4条3項）。

なお、施行日前に改正前民法952条1項により相続財産管理人が選任された場合における各公告手続については、改正民法は適用されず、従前の例によることになります（附則4条4項）。　　　　　　　　　　　（中森　　亘）

119

◆相　　　続

Q29 遺産分割に関する見直し　この改正で遺産分割の何が変わりましたか。10年経てばどうなりますか。

A 改正民法904条の3が新設され、相続開始の時から10年を経過した後に行う遺産分割手続においては、特別受益（民903条・904条）及び寄与分（同法904条の2）の規定が適用されず、法定相続分又は指定相続分による遺産分割が行われることとなります。

1 　改正の趣旨

　所有者不明土地が生じる大きな原因として、適切に相続登記が行われず、被相続人名義の所有権登記が長期間残存することにより、数次相続が生じ、権利関係が錯綜するということがありました。

　それに加え、これまで、遺産分割手続においては、具体的相続分（特別受益・寄与分）の主張に期間制限がなかったため、具体的相続分の存否について相続人間で紛争が生じ、終局的な権利関係が確定しないという問題もありました。

　そこで、今回の改正により、相続登記を含めた遺産分割手続の活性化を図るため、相続開始の時点から一定の期間を経過した後に遺産分割手続を合理的に行う方法として具体的相続分の主張制限が定められました。

2 　改正の内容

（1）具体的相続分の主張制限

　上述の通り、今回の改正により、相続開始の時点から10年を経過した後には、各相続人は、具体的相続分の主張が制限されることになります。

　したがって、具体的相続分の主張を行おうとする相続人においては、遅くとも相続開始の時点から10年を経過する前に遺産分割手続を進めていく必要があります。

　他方、改正民法904条の3ただし書きにより、相続開始の時から10年を経過する前に、家庭裁判所に遺産分割の請求を行った場合（同条1号）、10年の期間満了前6か月以内に遺産分割を請求することについての障害事由[1]があった場合にその事由消滅から6か月を経過する前に家庭裁判所に遺産分割

の請求を行った場合（同条2号）には、同条は適用されないとして、具体的相続分の主張を行おうとする相続人への保護が図られています。

ただし、立法過程の議論から、具体的相続分の主張を行おうとする相続人の保護は、上記ただし書きにより図られるべきとされており、10年の期間経過後に具体的相続分による遺産分割を求める利益を不当利得等に基づき請求することは想定されていないことに注意すべきです[2]。

（2）相続開始から10年経過後の遺産分割について

相続開始の時から10年を経過した遺産分割手続においては、原則に立ち戻り、各相続人の法定相続分又は指定相続分を基に行われることとなります。

そして、その遺産分割の方法は、現行法の規定を維持し、これまでと変化はありません。

これまで通り、各相続人間における遺産分割協議及び家庭裁判所による調停・審判等により行われることとなります。

なお、本条は相続人間における具体的相続分による遺産分割を行うことを禁ずる趣旨ではなく、具体的相続分を考慮した合意を前提とした遺産分割協議、調停・審判を行うこと自体は可能です[3]。

（3）遺産の分割の調停又は審判の申立ての取下げ

相続開始後10年を経過した後に、遺産の分割の調停又は審判の申立ての取り下げがされると、それにより具体的相続分の主張制限ができなくなるという相続人の利益が害される可能性があるため、取下げに際し、相手方の同意が必要であるとされました（審判につき改正家事199条2項、調停につき同法273条2項、同意擬制について同法82条3項ないし5項、83条）。

なお、相続開始後10年経過直前に申立てが取り下げられた場合においては、改正民法904条の3ただし書き2号に定める「やむを得ない事由」があったものとして処理することが想定されています[4]。

---

(1) 一般的には遺産分割を禁止する定めがあること（Q30）等が想定されています。
(2) 部会資料51・20頁
(3) 部会資料51・20頁
(4) 部会資料42・8頁

本改正については、改正民法が施行される前に相続が開始した遺産分割についても適用されると定められています（附則3条）。

基準点を相続の開始としているため、改正民法施行前に相続が発生しているが改正民法施行後に10年を経過する事例はもちろん、改正民法施行前に相続開始後10年が既に経過している事例についても、具体的相続分の主張制限の適用対象であるとされていますので、注意が必要です。

ただし、改正においては経過措置が取られており、以下のような読み替えが行われます。

（1）改正民法904条の3第1号

（読替前）「相続開始の時から十年を経過する前」に、相続人が家庭裁判所に遺産の分割の請求をしたとき。

（読替後）「相続開始の時から十年を経過する時又は民法等の一部を改正する法律の施行の時から五年を経過する時のいずれか遅いときまで」に、相続人が家庭裁判所に遺産の分割の請求をしたとき。

この読み替えにより、相続が施行前に開始していた場合に改正民法904条の3ただし書きの適用により同条本文の適用を除外するための家庭裁判所への遺産の分割の請求を行う期限としては、相続開始から10年経過又は施行日から5年が経過する時の両者のうち、遅い方が選択されます。

事例を挙げると、

① 相続開始が施行日の3年前の場合

    → 相続開始から10年が経過した時点

② 相続開始が施行日の7年前の場合

    → 施行日から5年が経過した時点

③ 相続開始が施行日の10年以上前の場合

    → 施行日から5年が経過した時点

が、それぞれ家庭裁判所への遺産の分割の請求を行う期限となります。

（2）同条 2 号

（読替前）相続開始の時から始まる「十年の期間」の満了前六箇月以内の間に、遺産の分割を請求することができないやむを得ない事由が相続人にあった場合において、その事由が消滅した時から六箇月を経過する前に、当該相続人が家庭裁判所に遺産の分割の請求をしたとき。

（読替後）相続開始の時から始まる「十年の期間（相続開始の時から始まる十年の期間の満了後に民法等の一部を改正する法律の施行の時から始まる五年の期間が満了する場合にあっては同法の施行の時から始まる五年の期間）」の満了前六箇月以内の間に、遺産の分割を請求することができないやむを得ない事由が相続人にあった場合において、その事由が消滅した時から六箇月を経過する前に、当該相続人が家庭裁判所に遺産の分割の請求をしたとき。

この読み替えにより、障害事由の解消時点についても、第1号と同様に、相続開始後10年の経過と施行日から5年の遅い方が選択されることとなります。

（3）調停・審判の取下げと経過措置

前述**2**（3）において解説した、調停・審判の取下げについて同意の要否の期間についても（改正家事199条2項、273条2項）、附則7条により、それぞれ、「十年を経過した後」という文言が、「十年を経過した後（相続開始の時から始まる十年の期間の満了後に民法等の一部を改正する法律の施行の時から始まる五年の期間が満了する場合にあっては同法の施行の時から始まる五年を経過した後）」と読み替えられ、取下げに際して同意が必要とされるようになる期限が、相続開始後10年か施行日より5年のいずれか遅い方とされています。

（4）施行期日

改正民法904条の3の施行日は、令和5年4月1日とされました。

これにより、上記（3）までの「施行日から5年が経過した時点」は、「令和10年4月1日」となりますので、相談時に留意する必要があります。

4 実務への影響

　今回の改正により、具体的相続分（特別受益・寄与分）の主張が制限されることになる場合があるということは常に意識しておく必要があります。

　相続開始後10年が経過しているか否かということにより、相当程度その後の遺産分割手続への影響があると考えられるため、相談を受けた際に、相続開始がいつであるのかということに関しては必ず聴き取りを行う必要があると思われます。また、経過措置についても留意する必要あります。

　もし、遺産分割手続において具体的相続分を主張する予定がある場合には、早々に各相続人に対し遺産分割協議の働きかけを行い、場合によっては比較的早い段階に家庭裁判所へ遺産の分割の調停を申し立てることも検討すべきです。

　さらに、特別受益・寄与分が検討されうる事案においては、遺産の一部分割は、現行907条2項ただし書きの「他の共同相続人の利益を害するおそれがある場合」に該当するとして認められない可能性があるため、相続開始後10年の経過により具体的相続分の主張ができなくなることから、遺産の一部分割も可能となるという点にも留意が必要です[5]。

（中林　祐太）

---

(5) 部会資料31・5頁

Q30

遺産分割の禁止　この規定の趣旨はどういったものですか。

A 　民法907条2項による家庭裁判所による遺産分割禁止審判の終期が相続開始後10年であることが明示されました。

　また、相続人間における契約により遺産の全部又は一部について分割しないこととすることができると定められました。その期間は5年以内で、更新可能とされていますが、終期が相続開始後10年を超えることはできないとされています。

1　改正の趣旨

　遺産分割の禁止については、遺言若しくは審判により遺産分割の禁止の規定を定めることができるとの法文上の規定はあったものの（民907条2項・3項、908条）、遺産分割禁止期間（遺産分割禁止の終期）については、これまで明文の規定はなく、解釈上も明確ではありませんでした。

　しかしながら、Q29にあるように、遺産分割において具体的相続分の主張に期間制限を設けたことから、遺産分割禁止期間がその期間を超えることは法的な問題を生む可能性があるため、遺産分割禁止期間の終期に関し、規律の内容を明確にするために、併せてこの改正がされました[1]。

2　改正の内容

（1）遺産分割禁止期間

　遺産分割禁止期間については、全体として相続開始時から10年以内とすると定められました（改正民908条2項ないし5項）。

　この期間は、現行法の解釈上も10年を超えることはできないとされていたこと及び具体的相続分の主張制限の期間との平仄を合わせる必要があることから定められたものです。

---

(1) 部会資料31・28頁

（2）遺産分割禁止の審判

　これまで民法907条2項による同条3項の家庭裁判所による遺産分割禁止審判において明文の規定がありませんでした。

　そこで、この部分を明示するために、審判による禁止期間は5年を超えることができないと解されていることを踏まえ、家庭裁判所が遺産分割禁止の審判をする際には5年を超えない期間を定めなければならないものと定められました（改正民908条4項）。

　また、遺産分割の禁止の審判を更新する際には、5年を超えない期間を定めなければならないとも定められました（改正民908条5項）。

　ただし、遺言による遺産分割禁止（民908条1項）と異なり、遺産分割禁止の審判が出される時期は法律上定まっていないため、遺産分割禁止審判に期間を定めただけでは、遺産分割禁止の終期は定まらないことになることから、遺産分割禁止期間を最長でも相続開始後10年以内と定めています（改正民908条4項ただし書き・5項ただし書き）。

（3）契約による遺産分割禁止

　現行法においては相続人間による遺産分割禁止の合意は明文化されていませんが、解釈上、一定の期間を定めて遺産分割禁止の合意を行うことはできると解されてきました。

　そこで、この点についても遺産分割禁止期間の明示と合わせて法文を新設し、明示するために条文が追加されました。

　内容としては、遺産分割禁止審判同様、5年を超えない期間で行うものとし、更新することもできると定められました（改正民908条2項・3項）。

　そして、契約による遺産分割禁止についても、それが行われる時期が定まっていないため、遺産分割禁止期間は最長でも相続開始後10年以内と明文で定められました（改正民908条2項ただし書き・3項ただし書き）。

（4）遺言、審判及び契約による遺産分割禁止の関係性

　今回の改正により、遺産分割禁止の方法として、遺言、審判、契約という複数の選択肢が明文化されることとなりました。

　これらの相互関係に関しては、択一的なものではなく、遺言による禁止の

後に契約による禁止をしたり、契約の後に審判をしたりすることも可能であると解されています[2]。

しかしながら、いずれにしても、その終期は最長で相続開始時から10年以内であるとされています。

3　遺産分割禁止の期間と経過措置

改正民法908条2項から5項の規定も、附則3条により施行日前に相続が開始した遺産分割においても適用されます。

ただし、同項のなかの「相続開始の時から十年」との文言は、「相続開始の時から十年を経過する時又は民法等の一部を改正する法律の施行の時から五年を経過する時のいずれか遅い時」とされ、相続開始が10年近く前で法文上実質的には短期間しか遺産分割禁止期間が定められないような場合でも、最低でも施行日から5年は遺産分割禁止期間を設定できるようにされています。

改正民法908条2項ないし5項の施行日は、令和5年4月1日とされました。

そのため、上記読み替えにかかる「民法等の一部を改正する法律の施行の時から五年を経過する時」は「令和10年4月1日」となり、相続開始が10年近く前で実質的には短期間しか遺産分割禁止期間が定められない場合であっても、分割禁止期間を令和10年4月1日までと定めることができます。

4　実務への影響

今回の改正により、遺産分割禁止の方法がそれぞれ明文化されることとなりましたが、実務上遺産分割禁止が数多く行われているという状況ではないため、実務への影響は限定的であると考えられます。

ただし、実際に遺産分割禁止の契約、審判を行う際には、相続開始後10年を超えることはできないことを意識して対応する必要があります。

（中林　祐太）

---

(2) 部会資料31・29頁

◆登記の義務化

Q31
相続登記等の申請の義務付けとはどのような内容ですか。

A
相続等の所有権の移転についての公法上の登記申請義務を不動産登記法に新設しました。

1 改正・議論の経緯

(1) 所有者不明土地の問題点（所有者探索の負担）

ある土地を利用し、若しくは取得し、又は所有者になんらかの権利主張をしようとすると、当該土地の所有者を確認する必要が生じます。この場合、まずは不動産の登記情報を確認することになりますが、登記簿に最新の情報が反映されていないと、直ちに所有者が判明せず、所有者探索のために大きな負担を要することになります。特に、所有者不明土地[1]においては、所有者判明に至るまでの負担は非常に大きいものがあります[2]。このような事態は、公共事業用地の取得や、東日本大震災をはじめとする大規模災害において復興用地の買収に時間がかかることにもつながります。さらに、土地の利用や管理という面でも、ライフラインの敷設等のための同意を得ることができなかったり[3]、管理の不備に伴う土砂の流出等の問題に対処できないといった支障が生じることもあります。

(2) 所有者不明土地が生じる原因

所有者不明土地が増える主な理由は、相続や住所変更などの際に登記申請が行われないことにあります[4]。改正前不動産登記法では、権利に関する登記の申請は、表示に関する登記と異なり、当事者に対し国に対する公法上の義務を負わせていませんでした[5]。そのため、相続登記や住所変更に伴う登記は、任意であり、不動産登記制度の側面からみると、これが、所有者不明

---

(1) 所有者不明土地の利用の円滑化等に関する特別措置法（平成30年法律第49号）2条1項では、所有者不明土地を「相当な努力が払われたと認められるものとして政令で定める方法により探索を行ってもなおその所有者の全部又は一部を確知することができない一筆の土地をいう」と定義しています。

(2) 部会資料1・2頁

(3) 部会資料1・2頁

土地が発生する主要な原因の一つになっていました[6]。

2　新　制　度

（1）所有権の登記名義人に係る相続の発生を不動産登記に反映させる仕組み

　所有権の登記名義人に係る相続の発生を不動産登記に反映させる仕組みとして、①相続・遺贈・遺産分割を原因とする所有権の移転が生じた場合に、その相続人に公法上の登記申請義務を課し（改正不登76条の2）、②義務違反については過料の制裁を規定するとともに（同法164条、Q32参照）、③登記の手続的な負担（資料収集等）を軽減するため相続人申告登記を創設しました（同法76条の3、Q33参照）[7]。さらに、④遺贈による所有権の移転の登記手続を簡略化して、登記権利者が単独で申請することが可能になり（Q37参照）、⑤法定相続分での相続登記がされた場合における登記手続の簡略化が図られました（Q38参照）[8]。

　このような不動産登記制度の見直しの施行日は、令和6年4月1日です。

（2）相続登記の義務化

（A）義務付けの対象となる権利

　義務付けの対象となる権利は所有権に限られます（改正不登76条の2第1項、2項、同法76条の3第4項）。

---

(4)　平成28年度に地籍調査を実施した1130地区（563市町村）の62万2608筆の土地のうち、不動産登記簿では所有者等の所在が確認できない土地の割合は20.1％であり、そのうち相続による所有権の移転の登記がなされていないものの割合は66.7％（平成30年版土地白書114頁）、最後の登記から90年以上経過しているものは、中小都市・中山間地域では、7.0％、70年以上経過しているものは12.0％、50年以上経過しているものに至っては、26.6％に上り、大都市においても、70年以上経過しているものは1.1％、50年以上経過しているものは6.6％に上ります（部会資料1・2頁）。部会資料8・1頁

(5)　部会資料8・11頁

(6)　潮見佳男「所有者不明土地関係に係る民法・不動産登記法等の改正と相続法の規律の変更」家庭の法と裁判31号13頁（2021年4月）。補足説明169頁参照

(7)　荒井達也『Q＆A　令和3年民法・不動産登記法　改正の要点と実務への影響』、237頁（日本加除出版株式会社、2021年）。七戸克彦『新旧対象解説　改正民法・不動産登記法』172頁以下（ぎょうせい、2021年）

(8)　「法制審議会『民法・不動産登記法（所有者不明土地関係）の改正等に関する要綱』について」

(B) 義　務　者

　相続登記の申請義務を負う者は、①相続人（同法76条の２第１項前段）、②相続人である受遺者（同条１項後段）、③法定相続分若しくは法定相続分による相続登記又は相続人申告登記がされた後の遺産分割による法定相続分を超えた取得者（同条２項、同法76条の３第４項）です。「相続させる」旨の遺言のうち、特定財産承継遺言による取得者は①に、相続分指定遺言による取得者は③に含まれます[(9)]。

　相続人である受遺者に登記申請義務を負わせているのは、相続人に対する遺贈は、相続人に特定の財産の権利を移転させるという点で、特定財産承継遺言と同様の機能を有するものであることによります[(10)]。

　ただし、いずれも、第三者の代位申請により登記されたとき又は嘱託により登記された場合には、相続人等が登記申請をしていなくても登記申請義務を免れます（同条３項）。

(C) 義務の履行期間（３年間）と起算日

　相続登記等の申請義務を履行すべき時期は、誰が、いつまでに何をしなければならないかという観点から整理すると、以下のとおりです。

		義務の履行期間と起算日	義務者
相続		自己のために相続の開始があったことを知り、かつ、当該所有権を取得したことを知った日から３年以内（改正不登法76条の２第１項）	相続人（特定財産承継遺言による受益者を含みます）
遺贈			（相続人である）受遺者
遺産分割	不登法新76条の２第１項に定める期間内に相続登記の申請がされていない段階での遺産分割		共同相続人全員
	法定相続分での相続登記後の遺産分割	遺産分割の日から３年以内（改正不登法76条の２第２項）	法定相続分を超えて所有権を取得した者

(9)　前掲七戸174頁

(10)　部会資料19・６頁

上記の表のうち、法定相続分での相続登記後の遺産分割以外は、いわば全般的な義務です。

　これに対し、法定相続分での相続登記後の遺産分割においては、既に登記申請義務が履行された後、遺産分割がされた場合に、法定相続分を超えて所有権を取得した者に追加的な登記申請義務を課しています。登記申請義務は公法上の義務ですが、これとは別に、法定相続分を超えて所有権を取得した者は、これを登記しなければ第三者に対抗することができません（民899条の2第1項）。

　相続の欄における特定財産承継遺言により不動産の所有権を取得した受益者は、単独申請によって所有権移転登記をすることができます。特定財産承継遺言による受益者が相続登記をする前に、他の相続人や他の相続人の債権者による代位によって法定相続分にしたがった登記がされ、持分が譲渡されると、第三者に対抗できなくなります（民899条の2）。

　法定相続分にしたがった登記に先立って特定財産承継遺言による所有権移転登記がされると、受益者は、相続登記申請義務を履行したことになりますが、その他の相続人は、共同相続登記又は遺産分割をしたうえで登記申請をしないと、改正不動産登記法76条の2の申請義務を履行したことにはなりません。

　登記申請義務の起算点は、「自己のために相続の開始があったことを知り、かつ、当該所有権を取得したことを知った日」（改正不登76条の2第1項）という主観的要件があるため、複数の法定相続人が存在する場合には、各相続人の申請義務の起算点は、必ずしも一致するとは限りません。また、被相続人が複数の不動産を所有していた場合には、不動産ごとに起算点が定められることになります[11]。

　数次相続があった場合には、当該相続人が、①数次相続によって当該不動産の所有権を取得し、②自己のために相続の開始があったことを知り、かつ、当該不動産の取得の事実を知った日が起算点となります[12]。

---

(11) 陰山克典「不動産登記実務の視点における改正法の内容・影響や留意点」家庭の法と裁判第31号37頁（2021年）
(12) 前掲陰山38頁、部会資料26・4頁

(D) 義務の履行方法

相続人の一人が保存行為により法定相続分による相続登記を単独で申請した場合には、他の相続人の登記申請義務は履行されたことになります[13]。

遺贈による所有権の移転の登記は、共同申請主義（不登法60条）の例外として、登記権利者が単独で申請することができるという規定が設けられました（改正不登63条3項）[14]。改正前の不動産登記実務においては、遺贈による所有権の移転の登記は、登記名義人の相続人と受遺者との共同申請によるものとされていました。しかし、登記義務者である相続人が登記の申請に非協力的であるといった事情がある場合に、受遺者が長期間にわたり積極的に訴訟等を提起しないままであると、登記申請義務を履行しないことに正当事由があるか否かの判断が見通しにくくなります。そこで、相続人が受遺者である場合の遺贈による所有権の移転の登記は、登記権利者（当該受遺者）が単独で申請することができるとの規定を設け、これと併せて、相続人である受遺者に登記申請義務を課すこととしました[15]。

相続放棄がされた場合には、相続放棄をした者を除いた上で算定される法定相続分での相続登記の申請義務のみが、相続放棄を知った後から課されることになります。相続放棄をした者を含めて算定された法定相続分での相続登記がなされた後に相続放棄がなされた場合には、異なる割合での法定相続分での相続登記をしなくても、相続人について登記申請についての義務違反は問われません[16]。

(E) 申告登記と法定単純承認との関係

相続登記等の申請義務の履行としての法定相続分での相続登記及び相続人申告登記は、いずれも民法921条1項の「処分」には当たらず、直ちに法定単純承認に該当することはありません[17]。

相続登記等の申請義務に基づく法定相続分での相続登記は、法定相続分

---

(13) 前掲陰山38頁

(14) 前掲荒井244頁、前掲七戸152頁

(15) 部会資料19・7頁

(16) 部会資料60・2頁

(17) 部会資料26・4頁

による共有関係を公示させるにとどまるものです。また、相続人申告登記についても、所有権の登記名義人に相続が発生したこと及び自らが法定相続人である旨を申し出てこれを公示する報告的な登記にとどまるものだからです。

（1）相続登記等の義務付けについての説明と理解

相続登記等の義務付けは、不動産の性状に関わらず、登記ができるすべての不動産に適用されます。相続人が現に居住し、有効活用されている土地であろうと、誰も使わない原野であろうと、一斉に相続登記義務が課せられます。

これまでは、相続人の一人が行方不明であっても、予納金や申立て費用を準備し、手間と時間をかけてまで不在者財産管理人等を選任するまでの必要性を感じず、相続登記もそのままになっているとか、相続人間に不和となる事情を潜在的に抱えているため相続登記を契機とした親族間の紛争を避けたいという思惑から、当面売却の予定もなく、これまでどおり居住し続けることもできるのであれば、あえて相続登記をして「寝た子を起こす」必要はないといわば"消極的な"放置がされることも多々ありました。高齢化社会を反映して相続人も高齢であることも多く、一部の相続人が意思能力を有しないが、相続の前後で生活状況は変わらず、身上監護についても問題がないことから、特に後見人の選任を受けることもせず、相続登記についてもしばらく様子を見ているという場面も珍しくありませんでした。

しかし、改正不動産登記法が施行された後は、このような相続人や相続人を取り巻く親族の思惑とは全く関係なく、登記ができるすべての不動産について所有権の相続登記が義務付けられます。相続登記が円滑になされるかはそれまでの親族関係と表裏の関係にあるともいえます。相続登記等の申請の義務付けが周知徹底されるまでは、相続に関する相談を受けた際には、親族関係に様々な事情を抱えていても、被相続人の死亡とともに、これと積極的に向き合うほかないことについて十分に説明し、理解を求める必要が出てくると考えられます。

（2）相続人申告登記の意味

　上記のような消極的な放置に対する一つの方策としては、当面、遺産分割を行わない場合にとり得る手段として、相続人申告登記の制度があります。注意が必要なのは、相続人申告登記は、あくまでも予備的な登記にすぎず、相続人申告登記さえしていれば、その後は、相続登記等の申請を行わなくてもいいという誤った認識が定着しないように、その意味を十分に説明し、周知徹底させる必要があります。

（宇仁　美咲）

Q32 相続登記等の申請の義務に違反した場合はどうなりますか。

A 相続登記等の申請義務がある者が正当な理由がないのにその申請を怠った時は、10万円以下の過料に処せられます（不登新164条1項）。

1　改正・議論の経緯（登記義務化の必要性と実効性の担保）

　所有者不明土地の発生を予防する方策として、相続登記等の申請を義務付ける規定が新設されましたが（改正不登76条の2）、その実効性を確保する必要があります。

　審議の過程では、申請に必要な添付書類等の簡素化、単独での登記申請ができる場面の拡張、登記申請義務を履行した者に対して利益を付与する方策、登録免許税の負担軽減策の導入、登記漏れの防止のための所有不動産記録証明制度の新設等様々な実効性確保のための制度が検討されました。最終的に、登記手続の簡略化（Q37、38参照）と、10万円以下の過料の制裁とを設けることになりました[1]。

　施行日は、令和6年4月1日です。

2　過料の制裁が科せられる要件

　過料の制裁が科せられるのは、登記申請義務に「正当な理由」がなく違反した場合です。以下、具体的に解説します。

（1）正当な理由
（A）「正当な理由がない」

　「正当な理由がない」とは、故意又は怠慢による義務不履行の場合やその義務不履行が違反者の過失に基づく場合を指し、やむを得ない事情に基づく義務不履行の場合は、「正当な理由」があるものと考えられます[2]。

---

(1) 潮見佳男「所有者不明土地関係に係る民法・不動産登記法等の改正と相続法の規律の変更」家庭の法と裁判31号20頁（2021年4月）
(2) 部会資料19・12頁

(B)「正当な理由」がある場合の例

① 数次相続が発生して相続人が極めて多数であることにより、戸籍謄本等の必要な資料の収集や他の相続人の把握に時間を要するとき

② 遺言の有効性が争われる訴訟が係属しているとき

③ 登記申請義務者に重病や判断能力を欠く等の事情があったとき

④ 登記簿は存在しているものの、公図が現況と異なるため現地をおよそ確認することができないとき

などが考えられるとされています[3]。

(C) 相続発生の事実や被相続人が不動産を所有していたことを知らない場合

被相続人に相続が発生したことや被相続人が不動産を所有していたことなどを相続人が知らない場合については、「自己のために相続の開始があったことを知り、かつ、当該所有権を取得したことを知った」（改正不登76条の2第1項）という主観的要件を満たさないことから、そもそも登記申請義務が生じず、したがってその違反もないものとして整理されます[4]。

（2）過料に処せられる具体的な場面

過料事件は裁判所の職権によって開始されるものですが、実際上は、登記懈怠の場合、登記官からの通知により事件が開始されます。

しかし、登記申請義務違反の有無を判断するためには、対象者が登記申請義務を負う者であるかどうかや、主観的な要件を具備しているかどうかについても把握する必要がありますが、登記官は、不動産登記法29条のような調査権限を有しておらず、積極的に登記申請義務違反の事実を調査し、これを把握することは容易ではありません[5]。しかも、「正当な理由」がある可能性もあります。したがって、登記官が、登記申請義務について説明し、相続登記手続の申請を促したにもかかわらず、理由もなくこれに従わなかったといった極めて悪質な場合に限って過料通知を発することが相当です[6]。

---

(3) 部会資料19・12頁

(4) 部会資料19・12頁

(5) 部会資料19・12頁

審議においては、「『正当な理由がない』場合の具体的な類型について、通達等において明確化するものとする」（部会資料38、第１、２（２）（注１））、「登記官が裁判所に対して過料に処せられるべき者についての過料事件の通知（過料通知）を行うに当たっては、登記官は、登記申請義務違反の事実（主観的要件の充足や正当な理由の不存在を含む。）を把握した場合に、あらかじめ相続人に対して登記申請をするよう催告することとし、それでもなお登記申請をすべき義務を負う者が理由もなく登記申請をしないときに過料通知を行うこととする（催告に応じて登記申請がされた場合には過料通知をしないこととする）など、過料通知についての手続を法務省令において明確に規律することを想定している」、「あわせて、このような丁寧な手続きを整備することを念頭に『正当な理由がない』場合の具体的な類型についても、通達等において明確化することにより、適切な実務運用が安定的に行われるよう十分な配慮を行う予定である」（部会資料60・３頁）とされています。

3　実務への影響

　相続登記等の申請義務と義務違反に対する過料の制裁とは、今回の改正により新たに設けられた制度です。したがって、実務においては、通達や指針をよく確認し、過料を受けないよう対処することは言うまでもありませんが、実務家としては、依頼者等に対し、新たな制度について十分な説明をしてその理解を得ることも必要です。

（宇仁　美咲）

---

(6) 部会資料19・12頁

Q33 相続人申告登記の制度が創設されるとのことですが、どのようなものですか。

A 相続登記の申請義務を負う者が、自らが登記名義人の相続人である旨を登記官に申し出て、登記官がその旨を登記に付記するという制度です（改正不登76条の3第1項、第3項）。この申出を行えば、相続登記の申請義務を履行したものとみなされます（改正不登76条の3第2項）。

1 改正の経緯

現行法の下では、相続登記を行うにせよ、遺産分割を原因とする登記を行うにせよ、被相続人等の出生から死亡までの戸除籍謄抄本を取り寄せ、法定相続人の範囲や法定相続割合を明らかにする必要があります。しかし、この作業は一般に煩瑣であり、特に数次相続が生じ、相続人が多数に及ぶ事案等では相続登記等の実施が困難となり、この手間が、相続登記が実施されない一因となってきた経緯があります。

今回の法改正では相続人等に相続登記等の申請義務が課せられることになりましたが、上記の手間をそのままに義務を課すのは国民にとって負担が過重となります。そこで、相続登記の申請義務を負う者が、相続登記に代え、被相続人の全ての戸除籍謄抄本の調査なしに、登記官に対し、自らが登記名義人の相続人であることを申し出れば、相続登記の申請義務を履行したものとみなされるという新たな制度が導入されました。この新たな登記制度を、相続人申告登記といいます。

2 具体的な申出方法

登記官への相続人申告登記の申出に際しては、申出人が登記名義人（被相続人）の相続人であることがわかる戸除籍謄抄本を登記官に提供するとともに、相続人の住所と氏名、その他法務省令で定める事項を申し出る必要があります（改正不登76条の3第3項）。

上記の範囲を超える戸除籍謄抄本まで取り寄せる必要がない（相続分まで明らかにする必要がない）ところに、この制度を利用するメリットがあると

いえるでしょう。

3　登記官による付記登記

　相続人申告登記は、相続人が登記申請を行うのではなく、それより簡易な「申出」という手続を経て、登記官が職権で付記登記をすることができる、という制度です。

　付記登記には、登記名義人の相続人である旨、申出をした相続人の氏名及び住所、その他法務省令で定める事項が公示されます（改正不登76条の3第3項）。これにより、少なくとも登記名義人に相続が開始されている旨、及び相続人の一部がどこに住む誰であるのかが分かることになり、当該土地の所有者を確定するための端緒となる情報が公示されることになります。

4　相続人申告登記後の処置等

　相続人申告登記の申出をしたとしても、いつまでもその状態を放置していいものではなく、その後の遺産分割（相続登記を行った後に行われた遺産分割を除きます。）により所有権を取得した者は、当該遺産分割の日から3年以内に、所有権の移転登記を申請しなければなりません（改正不登76条の3第4項）。

　なお、相続人申告登記の申出前に遺産分割により所有権を取得していた場合、相続人申告登記の制度を利用しても、当該遺産分割による所有権の取得に関する申請義務を果たしたものとはみなされませんので、留意が必要です（改正不登76条の3第2項括弧書き）。

5　実務への影響

　遺産分割を原因とする登記や、法定相続分による相続登記を行うことが困難な事情がある場合には、相続登記等の申請義務違反を回避するため、相続人申告登記を期間内に行うことが実務上有用であるといえます。

　なお、相続人申告登記の申出は、民法921条1項1号所定の相続財産の「処分」には該当せず、この申出を行っても、相続の法定単純承認の効果は生じないと解されています[1]。したがって、相続放棄を検討する可能性のある事

(1) 部会資料26・4頁

案であっても、相続登記等の申請義務違反を回避するため、ひとまず相続人申告登記の申出を行っておくという対応も一考を要するといえるでしょう。

6 施行期日

令和6年4月1日です。

（佐藤　俊）

Q34

共同相続人の一人が相続人申告登記を行えば、他の共同相続人は相続登記等の義務違反に問われないのでしょうか。

A 　相続人申告登記の申出をした場合、相続登記の申請義務を履行したものとみなされるのは当該申出人のみです。相続登記等の申請又は相続人申告登記の申出をしなかった他の共同相続人は、相続登記等の義務違反に問われることになります（改正不登76条の3第2項）。

1　審議の経過

　死亡した者が登記名義人であり続け、その者に相続が開始した事実が登記上公示されないと、所有者が容易に特定できないという不都合が生じます。このような不都合は、登記名義人の共同相続人のうち一人でも相続人申告登記の申出をすれば解消できるのではないかとの観点から、部会では、共同相続人のうち一人でも相続人申告登記をした場合には、他の共同相続人の相続登記等の申請義務も履行したものとみなす旨の規律を設けるべきではないかとの議論もされました[1]。

　しかし、相続人申告登記は、すべての共同相続人の持分を明らかにしてする相続登記と異なり、基本的に個人単位での申出が想定される制度であり[2]、付記登記の範囲も申出を行った相続人の氏名及び住所に留まるものであって、他の共同相続人に関する情報は一切公示されないことから、所有者の簡易な特定には、依然として支障を及ぼします。そこで、上記議論は採用されず、相続人申告登記の申出は、各共同相続人がそれぞれ行わなければならない、という規律が採用されました。

2　実務への影響

　上記の次第ですので、共同相続人の誰かが相続人申告登記の申出を行ったからといって、これをもって自らの相続登記等の申請義務が免じられること

(1) 部会資料57・6頁
(2) 部会資料57・6頁

にならない点には留意が必要です。

　なお、共同相続人の一人が、他の共同相続人から委任を受けて、あるいはその使者となって共同相続人全員分の相続人申告登記の申出を行うことは否定されません[3]。そこで、共同相続人で遠隔地にいる者がある場合や、高齢等の理由で登記官への申出作業に困難を伴うような場合等には、代理又は使者の方式による相続人申告登記の申出の活用も検討すべきといえるでしょう。

（佐藤　　俊）

---

[3] 部会資料57・6頁

Q35

改正法の施行日より前に死亡した者の名義になっている不動産についても、相続登記等が必要ですか。

A

必要です（附則5条6項）。

1　施行日（令和6年4月1日）より前に死亡した者の名義になっている不動産について、当該相続により所有権を取得した者は、自己のために相続の開始があったことを知り、かつ、当該所有権を取得したことを知った日又は施行日のいずれか遅い日から3年以内に、移転登記を申請しなければなりません。

2　民法900条及び901条の規定により算定した相続分に応じた登記がされた後に遺産分割があった場合には、当該遺産分割によって当該相続分を超えて所有権を取得した者は、当該遺産分割日又は施行日（令和6年4月1日）のいずれか遅い日から3年以内に、移転登記を申請しなければなりません。

1　施行日より前に死亡した者の名義になっている不動産の場合

登記名義人の死亡日が施行日前であっても、申請義務者は、死亡した者の名義になっている不動産について、「自己のために相続の開始があったことを知った日」又は「施行日」（附則1条2号）のいずれか遅い日から3年以内に移転登記の申請をしなければなりません。

2　民法900条及び901条の規定により算定した相続分に応じた登記がされた後に遺産分割があった場合

登記名義人の死亡日が施行日前であっても、民法900条及び901条の規定により算定した相続分に応じた登記がされた後に遺産分割があった場合において、当該遺産分割によって当該相続分を超えて所有権を取得した者は、「遺産分割日」又は「施行日」（附則1条2号）のいずれか遅い日から3年以内に移転登記の申請をしなければなりません。

3　実務への影響

改正法においては、上記のとおり、登記名義人が施行日前に死亡していた

場合にも相続登記の申請義務が課せられます。そのため、登記名義人死亡後、移転登記未了のままに残された不動産について、改正不登法76条の2で定められた登記義務者は、定められた制限期間内に移転登記の申請をしなければなりません。

　所有権の登記名義人が死亡した者の名義になっている場合には、施行日を待たずに弁護士等の専門家に相談して、対応を検討することが望ましいと考えます。また、施行日後には申請が集中する可能性が高いと想定されますし、本改正が実務に与える影響は極めて大きいと思われます。

4　施行期日

　この施行日は、令和6年4月1日です。

（山本　隼平）

Q36

所有権の登記名義人の氏名又は名称及び住所の変更の登記の申請が義務付けられるとのことですが、どのような内容ですか。また、これに違反した場合、どうなりますか。

所有権の登記名義人の氏名・名称・住所について変更があったときは、当該所有権の登記名義人は、その変更があった日から2年以内に、変更の登記を申請しなければなりません（改正不登76条の5）。これは、施行日前の氏名・住所等の変更にも適用されます（附則5条7項後段）。

そして、正当な理由なく、これに違反した場合には、5万円以下の過料に処せられることとなります（改正不登164条2項）。

1　改正の趣旨

不動産の所有者は登記記録の情報をもって確認することが通常です。しかし、所有権の登記名義人が氏名・名称・住所を変更したにもかかわらず、その変更登記をしていないと、登記記録の情報からは所有者に連絡できないということもあり、変更登記未了によって様々な支障が生ずるおそれがあります。このような事態を避け、社会全体として所有者探索の作業を合理化するため、氏名・名称・住所の変更登記を義務付け、登記記録上の情報を最新のものにして、所有者への連絡がつきやすくなるように改正されました（部会資料16・9頁参照）。

この点について、中間試案に対するパブリックコメントでは、住所は頻繁に変わることから所有者に過度の負担を強いることになるほか、特に自然人の氏名や住所については、身分関係の変動に関わるプライバシー情報を公開することになる等を理由に、改正に反対する意見も出されました。

しかしながら、あくまでも所有者不明土地の発生を抑止する観点から改正する必要があるということで、本改正がされることとなりました（部会資料38・38頁参照）。

2 氏名・名称・住所の変更登記の義務付け

（1）氏名・名称の変更登記の義務付け

所有権の登記名義人が自然人である場合にはその氏名に変更があった場合、法人である場合にはその名称に変更があった場合、当該所有権の登記名義人に変更登記の申請義務が課せられます。

（2）住所の変更登記の義務付け

所有権の登記名義人が自然人である場合にはその住所に変更があった場合、法人である場合にはその住所（本店所在地）に変更があった場合、当該所有権の登記名義人に変更登記の申請義務が課せられます。

3 経過措置

上記改正法の規律は、施行日後の氏名・名称・住所の変更だけでなく、施行日前の氏名・名称・住所の変更にも、適用されます（附則5条7項後段）。

4 罰則

正当な理由なく、これに違反した場合には、5万円以下の過料に処せられます（改正不登164条2項）。

ここでの過料の制裁の適用にあたっては、法務局における「正当な理由」の判断や、裁判所に対する過料事件の通知の手続等過料の制裁の運用において、「透明性及び公平性の確保に努めるとともに、DV被害者の状況や経済的な困窮の状況等実質的に相続登記等の申請が困難な者の事情などを踏まえた柔軟な対応を行うこと」とされています（附帯決議第2号）。

この附帯決議は、上記**1**に挙げた改正への反対意見等を踏まえ、義務者にとってあまり過大な負担とならないよう配慮するために設けられました。

5 実務への影響

（1）氏名変更登記の義務付けに伴う実務への影響

所有権の登記名義人が身分関係の変更に伴って氏を変更した場合、登記変更の手続や費用等の負担が生じえます。

現行法制度下において、氏は、婚姻によって一方当事者が（外国籍者等や同一姓同士の婚姻は別にして）変更させられることになります（民750条）。また、離婚時には旧姓への復氏が原則とされ（民767条１項）、実務上も多くは旧姓に復します。そのため、婚姻や離婚に伴って登記名義の氏変更を余儀なくされる方が出てくると想定されます（どれほど実例があるか不明ではありますが。）。このようなケースでは、戸籍を確認できなくても不動産登記を確認することによって身分関係の変動が推認されてしまうおそれが生じます（改正前は、売却等のタイミングで必要な限りでの変更をすれば足りますが、本改正によれば、すべての変更を登記に反映させなければならないことになります。）。

　なお、自然人は、その申出があれば、登記官が、法務省令に定めるところにより、職権で、変更登記をすることができるともされています（改正不登76条の６）。ここで、申出が要求されているのは、DV被害者等の個人情報保護に配慮する必要があるからです。全体として、法務局における職権的な変更登記の仕組みが構築される予定とされています。

（２）名称変更登記の義務付けに伴う実務への影響

　法人の場合、自然人と異なりプライバシー保護の必要性はなく、また自らの意思に沿わずに名称を変更しなければならないケースもほとんど考えられません。もとより商業登記や法人登記における変更の登記については、登記申請が義務付けられていますし（商登29条）、法人の財産の適切管理の観点から、不動産登記について法人の名称変更の義務付けに伴う支障はそれほど多くないと考えられます。

　それでも、法人の場合には、多数の不動産を所有しているケースも多くありますから、名称等を変更した場合に遺漏がないよう留意する必要がありますし、変更の検討段階において、このような事務手続上の負担があることを認識しておく必要はあります。

　とはいえ、法人の場合は、その申出がなくても、登記官の職権による変更登記の方法が認められます（改正不登76条の６）。そのため、ここでの職権による変更登記が、法務省令によって広く認められることになれば、この義務違反はほとんどないという可能性もあります。

（3）自然人の住所変更登記の義務付けに伴う実務への影響

　本改正により、住所変更の都度、登記に反映させる必要が生じますから、手続的負担は大きくなります。それでも、プライバシーの配慮よりも不動産登記を確認することによって、確認時点での所有権者の居住地を明確にさせるという高度の社会的意義があるとの前提で改正されることになりました。したがって、所有権の登記名義人が住所を変更する場合には、住民票だけでなく、不動産登記も変更しなければなりません。

　また、短期間に複数回の転居をする場合（例えば勤務先の都合によって、数か月間の研修先での研修を経てから、別の赴任地が決定し、そこで1～2年ほど勤務し、以降、1～3年単位で赴任地が変わるケース等。）に、中間の赴任地の住所移転を登記に反映させなかった場合には、形式的には義務違反の要件を満たすことになりかねません。現住所地への変更登記をしてさえいれば、所有者の探索作業の合理化という改正趣旨との関係では支障がないとも考えられますが、途中の義務違反状態を容認するわけにいかないということになりますと、このようなケースでも「正当な理由」を認められることになるかは不明で、過料に処せられる可能性は残ります。過料に処せられる義務違反の程度について恣意的な運用は避けるべきと考えますが、運用基準が明確化されれば、それを十分に理解しておく必要があります。

　なお、申出をすれば登記官による職権での変更登記がありうることは上記（1）と同じです（改正不登76条の6）。

（4）法人の住所（本店所在地）変更登記の義務付けに伴う実務への影響

　上記（3）は自然人の場合ですが、法人の住所（本店所在地）に変更があった場合にも、当該法人に変更登記が義務付けられることになります。

　ただし、登記官の職権による変更登記（改正不登76条の6）の運用次第で、住所変更の義務付けに対する過料の制裁の可能性はあまりないことは上記（2）と同じです。

（5）担保権者が氏名・名称・住所を変更した場合

　本改正は、あくまで所有権の登記名義人に課せられる義務ですから、担保権者の氏名・名称・住所に変更があったとしても、その変更登記が義務付け

られることはありません。

（6）会社を代表して登記申請を行うべき者

　会社法の規定による登記に関しては、会社を代表して登記申請を行うべき者である取締役や清算人が当該登記申請を懈怠した場合には、過料に処せられます（会社976条、非訟119条ないし122条）。しかし、今回の義務付けは、あくまで不登法の改正による義務付けですから、会社自体が登記義務者であり、その違反により同取締役等が過料に処せられることはありません。

６　登記官の職権による登記情報の更新や変更情報の取得等

（1）要綱第2部第3①では、新たに所有権の登記名義人となる者は、登記申請の際、氏名及び住所に加えて、生年月日等の情報（検索用情報）を提供するものとされています。この情報は公示されず、登記所内部での保有データとされます。これは、総務省令等によって対応されることになると思われます。

（2）また、要綱第2部第3②では、登記官は、氏名、住所及び検索用情報を検索キーとして、住民基本台帳ネットワークに定期的に照会するなどして、登記名義人の死亡の事実や氏名又は名称、及び住所の変更の事実を把握することとされました。

（3）登記官は、所有権の登記名義人が権利能力を有しないこととなったと認めるべき場合として法務省令で定める場合には、法務省令で定めるところにより、職権で登記名義人にその旨を示す符号を表示することができることとされました（改正不登76条の4）。

（4）氏名・名称や住所等の変更情報に関しては、**5**の（1）（2）で述べたとおりです（改正不登76条の6）。

（5）自然人について、登記事項証明書に住所が記載されると、生命・身体に危害が及ぶおそれがあるか、これに準ずる程度に心身に有害な影響が及ぶおそれがあるとして法務省令で定める場合、その者から申出があれば、住所に

代わるものとして法務省令で定める事項を記載することとされました（改正不登119条6項）。

（**6**）登記官は、職権による登記をし、又は地図を作成するために必要な限度で、関係地方公共団体の長その他のものに対し、所有者等（元所有者、法人、法人でない団体を含みます。）に関する情報の提供を求めることができるとされました（改正不登151条）。

7　施行期日

　本改正の施行日は、公布（令和3年4月28日）後5年を超えない範囲内において政令で定める日とされています（附則1条3号）。

（山本　隼平）

◆ 登記手続の簡略化

Q37
相続人に対する遺贈による所有権の移転の登記について、どのような登記手続の簡略化が行われましたか。

A 相続人に対する遺贈による所有権の移転の登記について、不動産登記法60条の規定（共同申請主義）にかかわらず、登記権利者が単独で申請することができるようになりました（改正不登63条3項）。

1 改正前不登法の規律と問題点

改正前不登法においては、遺贈による所有権の移転の登記は、登記権利者である受遺者と登記義務者である遺贈者の相続人との共同申請により行わなければなりませんでした（不登60条参照）。

他方で、改正前不登法においても、相続による所有権の移転の登記は、登記権利者が単独で申請することができるとされており（不登63条2項）、「特定の財産を特定の相続人に相続させる」旨の遺言[(1)]は、遺贈であることが明らかであるか又は遺贈と解すべき特段の事情のない限り、遺産分割方法の指定がされたものと解し、登記権利者が単独で申請することができると解されています（最判平成3年4月19日民集45巻4号477頁、最判平成7年1月24日判例時報1523号81頁）。

このように、相続人に対する遺贈と特定財産承継遺言の間には、相続人に特定の財産の権利を移転させるという点では機能的に類似するにもかかわらず、登記権利者による単独申請の可否という点で大きな違いがありました。

2 改正不登法の規律

（1）概　　要

上記の問題点を解消し、相続等に関する登記手続を簡略化することで相続登記を促進するため、単独申請が許容されている特定財産承継遺言と機能的に類似する部分がある相続人に対する遺贈について、共同申請主義（不登60

---

(1) 平成30年改正民法（相続関係）において、「遺産分割の方法の指定として遺産に属する特定の財産を共同相続人の1人又は数人に承継させる旨の遺言」と表現され、「特定財産承継遺言」と定義されました（民1014条2項）。

条）の例外が設けられることになりました。

　すなわち、遺贈（相続人に対する遺贈に限ります。）による所有権の移転の登記は、不登法60条の規定にかかわらず、登記権利者が単独で申請することができるようになりました（改正不登63条3項）。

（2）登記の申請時の登記原因証明情報について

　相続人に対する遺贈による所有権の移転の登記を、登記権利者である受遺者が単独申請する際には、その登記の真正の担保のため、登記の申請時に登記原因証明情報として遺言書等の提供が求められることが前提とされています。

　この遺言書の種類等については、改正前不登法下でも単独での申請が可能とされている特定財産承継遺言に関する取扱いとのバランス等を考慮し、特段の限定を付すことはしないこととされています[2]。もっとも、遺言書保管制度を利用した場合を除き、自筆証書遺言においては裁判所による検認済証明書の添付が必要とされています。

（3）相続人以外の第三者に対する遺贈について

　改正不登法による登記手続の簡略化の対象は、相続人に対する遺贈に限定されています。

　相続人以外の第三者が受遺者である遺贈の場合でも、登記原因証明情報として遺言書等の提供が求められることは同様ですが、被相続人の財産であった不動産の所有権の移転の登記が相続人の関与なくされることを認めると、相続人が受遺者である遺贈のケースとは異なり、遺贈の真正性に疑義のある事案が生じてしまう懸念も払拭することができないことが考慮され、今回の不登法改正では登記手続の簡略化の対象外とされました[3]。

（4）所有権以外の権利の移転の登記について

　改正不登法63条3項による登記手続の簡略化の対象は、所有権の移転の登記に限定されています。

---

(2)　部会資料38・29頁
(3)　中間補足・184頁

同規定は、単に特定財産承継遺言と相続人に対する遺贈とが機能的に類似するという点のみではなく、相続登記の申請の義務化と併せて、所有者不明土地問題の解決を図る観点から、不動産を対象とする遺贈（相続人に対する遺贈に限ります。）による所有権の移転の登記に限っては、その手続の簡略化を認めるべきであるとの考え方に基づき、相続人に対する遺贈による所有権の移転の登記につき、登記権利者による単独申請を許容しようとするものです。したがって、不動産を対象とする所有権以外の権利の移転の登記については、同規定の改正による登記手続の簡略化の対象としないものとされました[4]。

3　実務への影響

改正前不登法下においては、相続人に対する遺贈と特定財産承継遺言の間には、相続人に特定の財産の権利を移転させるという点では機能的に類似するにもかかわらず、登記権利者による単独申請の可否という点で大きな違いがありました[5]。この点に関しては、特定財産承継遺言は、遺贈であることが明らかであるか又は遺贈と解すべき特段の事情のない限り、遺産分割方法の指定がされたものと解し、登記権利者が単独で申請することができると解する（最判平成3年4月19日民集45巻4号477頁、最判平成7年1月24日判例時報1523号81頁）ことで実務上一定の手当がされてきたものの、遺贈と特定財産承継遺言とは、そのいずれの趣旨であるかの解釈が容易ではないケースもありました。

今回の不登法改正で相続人に対する遺贈について受遺者による単独申請が可能となり、上記の問題点が明文の規律により解消されることとなったため、今後の相続人に対する遺贈による所有権の移転の登記の促進につながることが期待されます。

---

(4) 部会資料53・9頁

(5) なお、遺贈と特定財産承継遺言の相違点のうち、対抗要件主義の適用に関しては、特定財産承継遺言については、従前は対抗要件が不要と解されていたところ（最判平成14年6月10日判タ1102号158頁）、平成30年改正民法（相続関係）において、特定財産承継遺言についても対抗要件主義を適用する旨が規定された（民899条の2）ことで解消されています。

4　施行期日

　本改正の施行日は令和5年4月1日です。

　改正不登法63条3項の規定は、施行日以後にされる登記の申請について適用することとされています（附則5条1項）。

（金水　孝真）

Q38
法定相続分での相続登記がされた後の所有権の取得に関する登記について、どのような登記手続の簡略化が予定されていますか。

A 不動産登記実務の運用の変更により、法定相続分での相続登記がされている場合において、次に掲げる登記をするときは、更正の登記によるものとした上で、登記権利者が単独で申請することができるものとすることが予定されています。

①遺産の分割の協議又は審判若しくは調停による所有権の取得に関する登記

②他の相続人の相続の放棄による所有権の取得に関する登記

③特定財産承継遺言による所有権の取得に関する登記

④相続人が受遺者である遺贈による所有権の取得に関する登記

1 現在の不動産登記実務の運用と問題点

現在の不動産登記実務の運用では、法定相続分での相続登記がされている場合、その後に遺産分割、相続放棄、特定財産承継遺言又は遺贈の内容に基づいて登記をする場合には、共同申請（不登60条）によって移転登録をしなければならないとされています（遺産分割について、昭和28年8月10日民事甲第1392号民事局長電報回答参照）。

一方、法定相続登記の前に、遺産分割、相続放棄又は特定財産承継遺言の内容に基づいて登記をする場合には、相続による所有権の移転の登記として、登記権利者が単独で申請することができます（不登63条2項。なお、相続人に対する遺贈による所有権の移転の登記についても、不登法改正により、単独申請が認められることとなりました（改正不登63条3項。Q37参照）。）。

そのため、法定相続登記をすることで、その後の登記の申請が共同申請になることや費用等の手続的負担が発生してしまうという不均衡が生じていました。

2 変更後の不動産登記実務の運用

(1) 概　　要

　上記の問題点を軽減するために、法定相続登記後の登記の申請について単独申請をすることができるようにすることが予定されています。

　すなわち、不動産登記実務の運用の変更により、法定相続分での相続登記がされている場合において、次に掲げる登記をするときは、更正の登記によるものとした上で、登記権利者が単独で申請することができるものとすることが予定されています。

- ①　遺産の分割の協議又は審判若しくは調停による所有権の取得に関する登記
- ②　他の相続人の相続の放棄による所有権の取得に関する登記
- ③　特定財産承継遺言による所有権の取得に関する登記
- ④　相続人が受遺者である遺贈による所有権の取得に関する登記

(2) 運用の変更であることについて

　改正不登法の立法過程の当初においては、法定相続登記後の登記手続の簡略化は、立法化することが検討されていました[(1)]。

　しかし、法定相続登記後の遺産分割、相続放棄、特定財産承継遺言又は遺贈の内容に基づく登記は共同申請によるという現在の実務は、専ら解釈運用によるものであることから、あえて立法化するまでもなく、不動産登記実務の運用の変更によって、更正の登記の方法により単独申請することができると整理されました[(2)]。

(3) 登記義務者に対する通知の要否について

　不動産登記実務の運用の変更による登記手続の簡略化が予定されている項目のうち、特定財産承継遺言及び遺贈の場合は、登記原因証明情報として遺言書等が提供されることにより登記の真正は一定程度担保されているものの、法定相続分での相続登記により所有権の登記名義人となっている他の相続人

---

(1)　中間補足185頁など

(2)　部会資料38・31頁以下

の保護の観点から、これらの者に対して通知を行うことの要否が立法過程において検討されました。

この点については、適切な実務運用がされるよう引き続き検討し、その結果を踏まえて法務省令に所要の規定を設けることとされています[3]。

3 実務への影響

今回の不動産登記実務の運用の変更により、法定相続分での相続登記をした後であっても、遺産分割、相続放棄、特定財産承継遺言又は遺贈の内容に基づく登記について、単独申請をすることができるようにすることが予定されていることから、法定相続分での相続登記に関する手続的負担が軽減され、法定相続分での相続登記が促進されることが期待されます。

（金水　孝真）

---

(3) 部会資料60・5頁

Q39

登記義務者の所在が知れない場合の登記の抹消登記手続の簡略化について、どのような規律が設けられましたか。

A ①地上権、永小作権、質権、賃借権若しくは採石権に関する登記又は買戻しの特約に関する登記であり、かつ、登記された存続期間又は買戻しの期間が満了している場合において、相当の調査を行ってもなお共同して登記の抹消の申請をすべき者の所在が判明しないときは、その者の所在が知れないものとみなして、公示催告の申立てを行い、除権決定を得る方法で、登記権利者が単独で登記の抹消をできるようになりました（改正不登70条2項）。

②買戻しの特約に関する登記がされている場合において、契約の日から10年を経過したときは、不登法60条の規定（共同申請主義）にかかわらず、登記権利者は、単独で当該登記の抹消を申請することができるようになりました（改正不登69条の2）。

1　改正前不登法の規律と問題点

改正前不登法では、登記義務者の所在が知れないため登記義務者と共同して権利に関する登記の抹消を申請することができないときは、公示催告の申立てを行い、除権決定を得て登記の抹消を申請する方法により、登記権利者は単独で登記の抹消を申請することができました（改正前不登70条1項、2項）。

もっとも、公示催告の申立ての要件としての「登記義務者の所在が知れない」ことの認定は、一般的に公示送達の要件（民訴110条）に準じて行われるところ[1]、情報の収集に相当の手間を要するものが必要である上、公示催告手続自体に一定の時間を要することなどから、訴訟に比してその手続的負担が特に軽いとはいい難く、この方法は必ずしも利用されていないのが実情

---

(1)　実務的には、例えば登記義務者が自然人である場合については、不在住証明書や不在籍証明書、転居先不明等の理由により還付された登記記録上の住所宛ての郵便物、住所地の近隣者からの聴取結果等を含めた調査報告書等の提出が必要とされています（中間補足205頁）。

でした[2]。

　そのため、実務上、存続期間の満了等により消滅している用益権等に関する登記が抹消されないまま残存していることがあり、不動産の円滑な取引の阻害となっていました。

2　改正不登法の規律

（1）概　　要

　上記の問題点を軽減し、不動産の円滑な取引を促進するため、存続期間の満了等により消滅している用益権等に関する登記の抹消手続の簡略化に関する規律が設けられることになりました。

　すなわち、地上権、永小作権、質権、賃借権若しくは採石権に関する登記又は買戻しの特約に関する登記であり、かつ、登記された存続期間又は買戻しの期間が満了している場合において、相当の調査を行ってもなお共同して登記の抹消の申請をすべき者[3]の所在が判明しないときは、その者の所在が知れないものとみなして、公示催告の申立てを行い、除権決定を得る方法で、登記権利者が単独で登記の抹消をできるようになりました（改正不登70条2項）。

　また、買戻登記に関しては、買戻しの特約に関する登記がされている場合において、契約の日から10年を経過したときは、不登法60条の規定にかかわらず、登記権利者は、単独で当該登記の抹消を申請することができるようになりました（改正不登69条の2）。

（2）改正不登法70条2項関係

（A）簡略化の対象となる登記について

　抹消登記手続の簡略化の対象となる登記は、地上権、永小作権、質権、賃借権若しくは採石権に関する登記又は買戻しの特約に関する登記であり、

---

(2)　中間補足205頁
(3)　本条項は、登記義務者（所有権の登記名義人）の相続人の所在が判明しない場合にも同様に適用されるべきものであると考えられることから、「共同して登記の抹消の申請をすべき者」との文言が使用されています（部会資料53・16頁）。改正不登法70条1項についても同様に、「登記義務者」との文言が「共同して登記の抹消の申請をすべき者」に修正されています。

かつ、登記された存続期間又は買戻しの期間が満了している場合です。

　改正不登法の立法過程においては、配偶者居住権を対象に含めることが検討されましたが、登記された存続期間が満了し、かつ、登記義務者である配偶者の所在が知れないといった状況が生ずることはあり得るものの、当該配偶者の関与なく簡易な方法によってその登記を抹消することを認めるべき必要性は高くはないと考えられ、対象に含めないこととされました[4]。

(B) 相当の調査の内容について

　「相当の調査が行われたと認められるものとして法務省令で定める方法」については、登記記録上の住所における住民票の登録の有無やその住所を本籍地とする戸籍や戸籍の附票の有無、その住所に宛てた郵便物の到達の有無等を調査し、転居先が判明するのであればこれを追跡して調査すれば足りるものとされ、このような調査を行っていれば、現実に現地を訪れての調査までしなくともよいとされています[5]。

（3）不登法69条2項関係

(A) 不登法70条2項の規律との関係について

　買戻登記に関する抹消登記手続の簡略化については、公示催告の申立てを行い、除権決定を得る方法（改正不登70条2項）が新たに規定されたほか、契約の日から10年を経過した場合の単独申請についても規定されました（改正不登69条の2）。

　この点、買戻しの期間は10年を超えることができないとされていることから（民580条1項）、買戻しの特約は、契約の日から最長10年で失効することになります。そのため、不登法69条の2は、契約の日から10年を経過したときは、単独で当該登記の抹消を申請することを認めています。この場合、登記権利者にとって過度の負担とならないよう、登記義務者の所在不明は要件とはされていません[6]。

　他方、契約日から10年を経過していない場合において、登記された買戻

---

(4) 部会資料53・16頁

(5) 中間補足206頁、部会資料35・4頁

(6) 部会資料53・18頁

しの期間が10年未満とされ、かつ、その登記された期間が満了していると
きは、不登法70条2項によることになります(7)。

(B) 登記義務者に対する通知の要否について

　改正不登法の立法過程においては、登記義務者に対する手続保障を図る
観点から、登記官が、買戻しの特約に関する登記の抹消をしたときは、登
記義務者に対し、その旨の通知をすることが検討されました。

　この通知の在り方については、法務省令に所要の規定を設けることが予
定されています(8)。

3　実務への影響

　今回の不登法改正は、存続期間の満了等により消滅しているにもかかわら
ず残存したままになっている用益権等に関する登記の抹消手続として、より
簡略な手続を新設するものであり、これによって抹消登記請求の利用が促進
され、不動産の円滑な取引に資することが期待されます。

4　施行期日

　本改正の施行日は令和5年4月1日です。

　改正不登法69条の2の規定は、施行日以後にされる登記の申請について適
用することとされています（附則5条1項）。

　改正不登法70条2項の規定は、施行日以後に申し立てられる公示催告の申
立てに係る事件について適用することとされています（附則5条2項）。

（金水　孝真）

---

(7)　部会資料35・4頁
(8)　部会資料53・18頁、部会資料60・8頁

Q40

解散した法人の担保権に関する登記の抹消登記手続の
簡略化について、どのような規律が設けられましたか。

A 登記権利者は、共同して登記の抹消の申請をすべき法人が解散
し相当の調査を行ってもなおその法人の清算人の所在が判明し
ないためその法人と共同して先取特権、質権又は抵当権に関する登記
の抹消を申請することができない場合において、被担保債権の弁済期
から30年を経過し、かつ、その法人の解散の日から30年を経過した
ときは、不登法60条の規定にかかわらず、単独で当該登記の抹消を
申請することができるようになりました（改正不登70条の２）。

1 改正前不登法の規律と問題点

改正前不登法においても、被担保債権が弁済等により消滅したにもかかわ
らず残存する担保権の登記を抹消する方法の一つとして、改正前不登法70条
３項後段（改正後は同条４項後段）の規定[1]があります。

しかし、同規定においては、法人である登記義務者の「所在が知れない」
について、法人の所在不明を観念することができるどうかについては争いも
あるものの、例えば、商業・法人登記簿に当該法人について記録がなく、か
つ、閉鎖した登記簿も保存期間が経過して保存されていないため、その存在
を確認することができない場合などに限定されています（昭和63年７月１日
付け法務省民三第3499号民事局第三課長依命通知)[2]。また、同規定におけ
る「被担保債権、その利息及び債務不履行により生じた損害の全額に相当す
る金銭」の供託要件を満たすことは容易ではないといえます。

このように、同規定は必ずしも利用しやすい制度とは考えられておらず、
実務上、被担保債権が弁済等により消滅したにもかかわらず担保権の登記が
残存したままになっていることがあり、不動産の円滑な取引の阻害となって

（1） 登記義務者の所在が知れないため登記義務者と共同して権利（先取特権、質権又は抵
当権）に関する登記の抹消を申請することができない場合において、被担保債権の弁済
期から20年を経過し、かつ、その期間を経過した後に当該被担保債権、その利息及び債
務不履行により生じた損害の全額に相当する金銭が供託されたときは、登記権利者は単
独で当該担保権に関する登記の抹消を申請することができるとする規定です。

（2） 中間補足208頁

いました。

2 改正不登法の規律

（1）概　　要

　上記の問題点を軽減し、不動産の円滑な取引を促進するため、改正前不登法70条3項後段（改正後は同条4項後段）の規定を参考にしつつ、これとは別に、担保権の登記名義人である法人について、法人としての実質を喪失していると積極的に認定することができるケースを念頭に[3]、担保権の登記の抹消の単独申請に係る根拠規定が新設されました。

　すなわち、登記権利者は、共同して登記の抹消の申請をすべき法人が解散し相当の調査を行ってもなおその法人の清算人の所在が判明しないためその法人と共同して先取特権、質権又は抵当権に関する登記の抹消を申請することができない場合において、被担保債権の弁済期から30年を経過し、かつ、その法人の解散の日から30年を経過したときは、不登法60条の規定にかかわらず、単独で当該登記の抹消を申請することができるようになりました（改正不登70条の2）。

（2）登記義務者について

　本規定の対象となる「解散した法人」には、①通常の法人解散の手続を経て解散したものだけでなく、②休眠会社又は休眠法人として解散したものとみなされたもの（会社472条1項、一般社団法人及び一般財団法人に関する法律149条1項、203条1項）や、③法人に関する根拠法の廃止等に伴い解散することとされた法人も含まれるとされています[4]。

（3）相当の調査について

　本規定における清算人の所在に関する調査は、改正不登法70条2項に規定

---

(3) 中間補足208頁

(4) 中間補足209頁。③の例としては、農業団体法（昭和18年法律第46号）に基づき設立され、同法が農業協同組合法の制定に伴う農業団体の整理等に関する法律（昭和22年法律第133号）の規定により廃止されたことにより解散することとされた農業会等が挙げられています。

する方法（相当の調査が行われたと認められるものとして法務省令で定める方法）によるとされており、清算人が登記された住所に居住していないことを証する不在住証明書や、当該住所を本籍とする戸籍がないことを証する不在籍証明書等の公的な書類を調査するなどの方法で足りるものとすることが考えられます[5]。

なお、清算人が存在しない場合において、裁判所に対してその選任等を請求することまでは要しないものとされています[6]。

（4）弁済期の特定について

本規定における弁済期の特定については、被担保債権の弁済期が登記されていない場合には債権成立の日等を弁済期とする考え方（昭和63年7月1日付法務省民三第3499号民事局第三課長依命通知）を参考に、これと同様の通知を発出するなどして運用に関する方針を示すことが予定されています[7]。

3 実務への影響

今回の不登法改正は、被担保債権が弁済等により消滅したにもかかわらず残存したままになっている担保権の登記の抹消手続として、より簡略な手続を新設するものであり、これによって抹消登記請求の利用が促進され、不動産の円滑な取引に資することが期待されます。

4 施行期日

本改正の施行日は令和5年4月1日です。

改正不登法70条の2の規定は、施行日以後にされる登記の申請について適用することとされています（附則5条1項）。

（金水　孝真）

---

(5) 中間補足210頁。あわせて、Q39・2・(2)・(B)を参照してください。
(6) 部会資料35・9頁
(7) 部会資料35・8頁

◆ その他見直し事項

> ## Q41
> 他の公的機関から取得した情報に基づき、登記官が職権的に変更登記をするために新設された仕組みとはどのようなものですか。

A 新設された仕組みの概要は以下のとおりです。

1　所有権の登記名義人が自然人の場合

登記官は、所有権の登記名義人から提供を受けた生年月日等の情報等を検索キーとして、住民基本台帳ネットワークシステムに定期的に照会し、所有権の登記名義人の氏名又は住所等の異動情報を取得します。登記官は、所有権の登記名義人の氏名又は住所に変更あることを把握したときは、当該登記名義人の承諾（申出）がある場合に限り、職権で、氏名又は住所の変更の登記をします（改正不登76条の6）。

2　所有権の登記名義人が法人の場合

法人の名称又は住所に異動が生じたときは、商業・法人登記システムから不動産登記システムに異動情報が通知されます。今回の改正により所有権の登記事項に加わった会社法人等番号（改正不登73条の2、Q44参照）を利用して、情報が連携されます。登記官は、職権で、所有権の登記名義人の名称又は住所の変更の登記をします（改正不登76条の6）。

1　改正の趣旨

現行法の下では、特定の不動産の所有権の登記名義人の氏名や名称又は住所が変更しても、申請に基づき変更の登記がなされない限り、変更後の氏名等が不動産登記簿に公示されないため、登記記録から変更後の氏名等を知ることは容易ではなく、土地利用を阻害する要因となります。氏名等の変更が不動産登記にすみやかに反映されるようにして、そのような阻害要因を取り除く必要があります。

そこで、今回の不動産登記法の改正では、氏名等の変更登記の申請を義務化し（Q36）、登記申請漏れを無くすために所有不動産記録証明制度を新設するとともに（Q43）、登記官が、他の公的機関から氏名等の変更情報を取得して、職権で、所有権の登記名義人につき氏名等の変更の登記を行う仕組みを

導入しました（改正不登76条の６）。

　なお、不動産登記にすみやかに反映させる必要性が高いことは、所有権の登記名義人の死亡等についても同様であることから、相続登記の申請を義務化し（Q31）、簡易な義務履行手段としての相続人申告登記や（Q33）、登記申請の漏れを無くすために所有不動産記録証明制度を新設するとともに（Q43）、登記官が、職権で、所有権の登記名義人の死亡等の情報を登記上に符号で表示する制度を導入しました（Q42）。登記名義人の死亡等の情報を符号で表示する制度において、登記官は、氏名等の変更情報の取得と同様に、他の公的機関から登記名義人の死亡等の情報を取得することが予定されています（Q42）。

2　新設された仕組みの内容

（1）改　正　法

　新設された改正不動産登記法76条の６は、「登記官は、所有権の登記名義人の氏名若しくは名称又は住所について変更があったと認めるべき場合として法務省令で定める場合には、法務省令で定めるところにより、職権で、氏名若しくは名称又は住所についての変更の登記をすることができる。ただし、当該所有権の登記名義人が自然人であるときは、その申出があるときに限る。」と定めます。

　どのような方法により、登記官が他の公的機関から情報を取得するか等については、法務省令に委ねられています。以下、法制審における議論等を踏まえ、想定されている内容を説明します。

（2）所有権の登記名義人が自然人の場合

（A）情報の取得先

　登記官が情報を取得する先としては、住民基本台帳ネットワークシステムが想定されています（部会資料62－１・18頁）。

　住民基本台帳ネットワークシステムとは、住民基本台帳法に基づき、住民基本台帳の４情報（氏名、住所、性別、生年月日）等を記録するものであり、地方公共団体情報システム機構が運営しています。

　なお、住民基本台帳ネットワークシステム以外の情報も端緒とすることができ（改正不登151条）、固定資産課税台帳その他の情報からも、氏名や

住所の変更情報を取得することが想定されています。

(B) 検索用情報

　氏名及び住所だけでは、同一人物かどうかの確認が容易でなく、住民基本台帳ネットワークシステムからの情報取得ができません。そこで、氏名・住所のほかに、生年月日等の検索用情報を検索キーとして、住民基本台帳ネットワークシステムから氏名等の変更情報を取得することが想定されています。

　検索用情報としては、生年月日のほか、氏名の振り仮名や、外国人の氏名についてはローマ字表記等が想定されています（部会資料53・15頁）。

　改正法の施行後は、登記申請の際に、所有権の登記名義人は自らの検索用情報を提供することが義務付けられます。施行前に登記申請がなされている場合でも、所有権の登記名義人は任意に検索用情報を登記官に提供することができます。

　検索用情報は登記事項ではありません。登記所において適正に管理されることが想定されています。

(C) 情報の取得

　登記官は、氏名・住所及び検索用情報を検索キーとして、定期的に、住民基本台帳ネットワークシステムに、所有権の登記名義人に氏名及び住所の変更がないかを照会することが想定されています。

　こうした情報取得の対象となる者は、当面、所有権の登記名義人に限られます。

(D) 登　　記

　本人の承諾（申出）がある場合に限って、登記官は、職権で、氏名や住所の変更の登記をします（改正不登76条の6ただし書）。

　住民基本台帳を閲覧することができる事由を限定する住民基本台帳制度の趣旨や、DV被害者等であって最新の住所を公示することに支障がある者が存在し得ることから、本人の承諾を要件としています。

　なお、所有権の登記名義人が死亡した等の情報を取得したときの符号の

表示については、Q42を参照してください。

（3）所有権の登記名義人が法人の場合

　所有権の登記名義人が法人であるときは、会社法人等番号が登記事項となります（改正不登73条の3、Q44参照）。改正法施行後、新たに不動産登記申請がなされると、所有権の登記名義人の会社法人等番号が登記官に提供されることになります。一方、商業・法人登記システムにおいて、所有権の登記名義人の名称又は住所が変更されると、商業・法人登記のシステムから、当該法人の名称又は住所の変更の情報が、登記官に通知されます。こうして、登記官が名称又は住所の変更の情報を取得したときは、職権で、所有権の登記名義人についても名称又は住所の変更登記をします（改正不登76条の6）。

（A）情報の取得元

　登記官が情報を取得する先としては、商業・法人登記システムが想定されています。また、その他の情報を端緒することができることは自然人と同様です（改正不登151条）。

（B）検索キーの取得

　所有権の登記名義人が法人であるときは、会社法人等番号その他特定の法人を識別するために必要な事項として法務省令で定めるものも登記事項に加わります（Q44）。改正法施行後、新たな不動産登記申請において、会社法人等番号が登記官に提供されることになります。改正法施行前に既に所有権の登記名義人となっている法人については、法人が申出を行うことにより、登記官が、職権で会社法人等番号を登記することが想定されています（法務省民事局「令和3年民法・不動産登記法、相続土地国庫帰属法のポイント」令和3年12月、法務省HP）。

（C）情報の取得

　商業・法人登記システムにおいて、名称又は住所の変更登記がなされると、商業・法人登記システムから、登記官に対し、変更情報が通知されることが想定されています。登記官は、定期的に照会して取得する自然人の

氏名等の変更情報と異なり、法人の変更情報については商業・法人登記システムからの通知を待つことになります。

　こうした情報取得の対象となる者は、自然人と同様、当面、所有権の登記名義人に限られます。

(D) 登記への反映

　法人の名称・住所は既に法人等登記により公示されていることから、自然人と異なり、本人の承諾を要件とせず、登記官は職権で名称等の変更登記を行います。

　なお、変更登記がなされるのは名称と住所だけであり、現状では、解散や清算結了については変更登記の対象となっていません。

3　実務への影響

　氏名・名称及び住所の変更登記が義務付けられました（Q36）。この登記申請義務は、本改正に基づく職権による登記がなされることで履行済みとなります（法務省民事局「令和3年民法・不動産登記法改正、相続土地国庫帰属法のポイント」令和3年12月、法務省HP）。具体的な運用は未定ですが、改正法施行前に既に所有権の登記名義人になっている場合も、自然人であれば検索用情報を登記官に提供し（**2**（2）(B) 参照）、法人であれば会社法人等番号の職権登記を申し出ることにより（**2**（3）(B) 参照）、氏名等変更の職権登記が円滑に行われ登記申請義務が履行済みとなるケースが増えることが期待されます。

4　施　行　期　日

　本改正の施行日は公布（令和3年4月28日）後5年を超えない範囲内で政令で定める日です（附則1条3号）。

（若杉　洋一）

Q42
登記名義人の死亡等の事実が登記上公示されるというのですが、どのようなものですか。

A 登記官が、住民基本台帳ネットワークシステム等から、所有権の登記名義人の死亡等の情報を得たときは、職権で、登記上に死亡の事実を符合により表示するものです。

1 改正の趣旨

現行法の下では、特定の不動産の所有権の登記名義人が死亡しても、申請に基づいて相続登記等がされない限り、当該登記名義人が死亡した事実は不動産登記簿に公示されず、登記記録から所有権の登記名義人の死亡の有無を確認することができません。

今回の改正により、登記官が、住民基本台帳ネットワーク等から、所有権の登記名義人に関する情報を取得する仕組みが設けられました（Q41参照）。

登記官が、この仕組みを通じて、例えば所有権の登記名義人の死亡情報を取得したときに、これをすみやかに不動産登記に反映させることができれば、所有権の登記名義人に相続が生じたことが相続登記を待たずに公示されますので、登記を見た第三者が、早期に、その事実を知ることができます。

例えば、公共工事や民間の土地開発事業において、事業の対象となる土地を選定にするにあたり、当該土地の所有権の登記名義人が死亡しているかどうかを早く知ることができれば、相続人調査のためのコストをかけて開発対象に含めるのか否かを早期に判断し得ることが期待されます（部会資料38・8頁）。

2 制度の内容

新設された改正不動産登記法76条の4は、「登記官は、所有権の登記名義人（法務省令で定めるものに限る。）が権利能力を有しないこととなったと認めるべき場合として法務省令で定める場合には、法務省令で定めるところにより、職権で、当該所有権の登記名義人についてその旨を示す符号を表示することができる。」と定めます。

制度の対象となる所有権の登記名義人については法務省令で定めることと

されました。

　上述のとおり相続の事実を不動産登記に反映させることが新制度導入の趣旨ですので、ここに自然人が含まれることは明らかです。

　法人については、自然人と異なり、解散や清算結了について一定期間内に登記しなければならず、登記に記録された事項は何人も証明書の交付を請求することができるため、情報検索に要する手間や費用が大きいと言えないとして（部会資料38・10頁）、今回は制度対象とはなっていません。将来的には法人を含む余地を残す趣旨で法務省令に委ねることとされたようです（部会資料53・11頁）。

　権利能力を有しないこととなったと認めるべき場合についても法務省令で定めることとされました。死亡のほか失踪宣告等が考えられます（部会資料60・6頁）。

　住民基本台帳ネットワークシステム以外の情報源からも、死亡等の把握の端緒となる情報を取得することが考えられています（部会資料60・6頁）。例えば、所有者不明土地の利用の円滑化等に関する特別措置法に基づく長期相続登記等未了土地解消作業の過程等の各種の施策の実施過程において、登記官が所有権の登記名義人の死亡等の情報に接した場合、登記官が固定資産課税台帳上の所有者に関する情報の提供を受けた際に、その氏名等が不動産登記上の所有権の登記名義人等の氏名等異なる場合などが考えられます。このような場合、登記官は戸籍抄本等を参照して死亡していることを確認した上で符合の表示を行う運用が想定されています（部会資料53・11頁）。

　そこで登記官が関係地方公共団体の長等から情報の提供を受ける根拠となる規律を併せて設けることとしました（改正不登151条。部会資料60・6頁）。

　具体的な表示の方法は未定ですが、波線を付す等の方法が想定されています。

3　施行期日

　本改正の施行日は公布（令和3年4月28日）後5年を超えない範囲内で政令で定める日です（附則1条3号）。

（若杉　洋一）

Q43 新設される所有不動産記録証明制度とはどのようなものですか。

A 自らが所有権の登記名義人として記録されている不動産にかかる登記事項のうち法務省令で定めるものを証明する書面（所有不動産記録証明書）を、登記官に対し請求して、交付を受けることができる制度です（改正不登119条の２第１項）。相続人その他の一般承継人は、被承継人にかかる所有不動産記録証明書の交付を請求することもできます（改正不登119条の２第２項）。

1 改正の趣旨

　現行不動産登記法の下では、登記記録は、土地や建物ごとに作成されており（物的編成主義）、全国の不動産から特定の者が所有権の登記名義人となっているものを網羅的に抽出し、その結果を公開する仕組みは存在しません。その結果、所有権の登記名義人が死亡した場合に、その所有する不動産にどのようなものがあるかを相続人が把握しきれず、見逃された土地について相続登記がされないまま放置されてしまう事態が少なからず生じていると指摘されています。相続が開始した場合に、相続人が、被相続人が所有権の登記名義人である不動産の一覧を知ることができれば、相続登記が促進され、ひいては所有者不明土地問題の発生を抑制することが期待できます。また、相続の場面に限らず、自己が所有権の登記名義人である不動産の一覧を知ることができるようにすべき意義があると考えられます。そこで、特定の人が所有権の登記名義人となっている不動産を抽出して証明する、所有不動産目録制度が新設されることになりました。

2 制度の内容

（1）改 正 法

　新設された改正不動産登記法119条の２は次のように定めます（３項・４項は省略）。

１項　何人も、登記官に対し、手数料を納付して、自らが所有権の登記名義人（これに準ずる者として法務省令で定めるものを含む。）として記録され

ている不動産に係る登記記録に記録されている事項のうち法務省令で定め
るもの（記録がないときは、その旨）を証明した書面（以下この条におい
て「所有不動産記録証明書」という。）の交付を請求することができる。
2項　相続人その他の一般承継人は、登記官に対し、手数料を納付して、被
承継人に係る所有不動産記録証明書の交付を請求することができる。

（2）交付請求をすることのできる者

（A）所有権の登記名義人本人

　所有権の登記名義人本人であれば、自然人であるか法人であるかを問い
ません。

　自己の不動産に関する財産状況を把握したい、そうした財産状況をもっ
て自己の資力を証明したいといった登記名義人の要求に応えるべき必要性
があります。生前に財産状況を把握して、それぞれの処分を遺言に定める
ことにも有用であり、相続登記の促進のため意義があると考えられます。

　なお、所有権の登記名義人である不動産を抽出すること、すなわち「名
寄せ」にあたっては、プライバシーへの配慮が要請されますが、登記名義
人本人が自己の不動産を名寄せするのでプライバシーは問題になりません。

（B）相続人その他の一般承継人

　所有権の登記名義人が死亡した場合の相続人など、一般承継人です。

　相続登記の申請漏れを防ぐ趣旨で新設された制度ですから、相続人が被
相続人に係る所有者不動産記録証明書を請求できることは当然です。また、
登記名義人が法人である場合においても、法人の合併による移転の登記手
続等の遺漏がないかを確認するために所有不動産目録証明制度を利用する
ニーズがあると考えられますので、合併法人等を含む一般承継人が請求し
得ることになりました。

　被相続人は死亡しており、相続登記の手続等のために必要であるという
理由があることから、被相続人のプライバシーへの配慮は不要と考えられ
ます。

(C) 代　理　人

　(A)(B)の者の代理人も認められるものと想定されます。具体的には、親権者、未成年後見人、成年後見人、代理権付与の審判のある保佐人及び補助人、不在者財産管理人並びに相続財産管理人や、委任による代理人を含めることが考えられます。

(D) そ　の　他

　遺言執行者や破産管財人も請求人に含まれることが想定されます。遺言者や破産者の財産である不動産の一覧を確認することが職務に含まれると考えられるからです。

　一方で、所有不動産記録証明書の交付請求権は債権者代位権の対象とすべきではありません。登記名義人のプライバシーへの配慮や、債権者代位の要件の判断を登記所において厳格に行うことも困難であることが理由です。

(3) 所有不動産記録証明書の記載事項

　ある者が所有権の登記名義人となっている不動産の一覧が記載され、かつ、個々の不動産ごとに所有者証明書に相当する事項、すなわち、登記記録に記録されている現在の所有権の登記名義人の氏名又は名称及び住所並びに当該登記名義人が二人以上であるときは当該登記名義人ごとの持分（不動産登記規則（平成17年法務省令第18号）第196条第1項第4号）が記載されることが想定されています。ある者が所有権の登記名義人となっている不動産がないときは、その旨が記載されます。

　なお、所有不動産記録証明制度の対象については、登記記録の権利部に記録された所有権の登記名義人を念頭においていますが、今後、表題部に記録された表題部所有者を含めるかどうかについて引き続き検討されることから、詳細は法務省令で定めることとされています。

3　実務への影響

　所有不動産記録証明書制度は、あくまで登記記録の電子データ上、検索キーが一致したものが存在することの証明に過ぎないことを理解しなければなり

ません。

　氏名又は名称及び住所を検索キーとすることが想定されますが、氏名等は過去の一定時点の情報であり、必ずしも最新の情報に常に更新されるわけではないことから、古い氏名等での登記がある場合には抽出することができません。また登記情報に外字が用いられている場合にも検索で抽出することは困難です。さらに、情報が電子化されずに紙の帳簿のまま保存されている登記データもあり、ここから情報を検索することはできません。

　所有不動産記録証明書制度は、請求された対象者が登記名義人となっている不動産を完全に網羅するものではなく、また、対象者が真に所有権者であることを証明するものではないことに注意が必要です。

　なお、令和元年5月17日に公布された民事執行法及び国際的な子の奪取の民事上の側面に関する条約の実施に関する法律の一部を改正する法律（令和元年法律第2号）による改正後の民事執行法では、裁判所が、執行力のある債務名義の正本を有する金銭債権の債権者等の申立てにより、債務者が所有権の登記名義人である不動産に関する情報の提供をすべき旨命じた場合には、登記所は、名寄せを行ってこの情報を裁判所に提供するとの新たな制度が設けられました（改正民執205条）。登記情報システムにおいては、この制度に対応する観点からも、人を単位とする情報の検索（名寄せ）をすることができるよう改修を実施することとしているとのことです。

　また、人を単位とする不動産の一覧を証明するものとしては、市町村において備え付けられる土地名寄帳及び家屋名寄帳があります（地方税法387条1項）。これらは市町村ごとに名寄せしたリストですが、所有不動産記録証明書制度は市町村の範囲を超えた情報がリスト化されます。

4　施行期日

　本改正の施行日は公布（令和3年4月28日）後5年を超えない範囲内で政令で定める日です（附則1条3号）。

（若杉　洋一）

Q44 所有権の登記名義人が法人である場合の登記事項に関してどのような改正がなされましたか。

A 会社法人等番号等が登記事項として追加されることになりました。

1 改正前の規律

　改正前不動産登記法は、法人である登記名義人を特定する事項として、法人の名称及び住所を登記事項としていました（不登59条4号）。

　しかしながら、法人である登記名義人の名称及び住所は、登記申請がされた特定の時点におけるものにすぎないため、不動産登記記録上の登記名義人の名称及び住所のみでは、正確に区別をすることが困難なケースが生じ得るとされていました（部会資料9・20頁）。

2 本改正の内容

（1）そこで、本改正により、所有権の登記名義人が法人である場合には、会社法人等番号（商登7条）その他の特定の法人を識別するために必要な事項として法務省令で定めるものが登記事項として定められることになりました（改正不登73条の2第1項1号）。

　これにより、所有権の登記名義人である特定の法人と商業・法人登記の特定の法人との紐付けが容易になり、不動産登記簿から登記名義人を特定することがより正確に行えるようになります。

　具体的に特定の法人を識別するために必要な事項としてどのようなものを定めるのが適当かは、法人の類型等に応じて様々であり、個別の検討が必要であることから、その具体的な定めについては細目的・技術的事項にわたるものとして法務省令に委任されています。

（2）なお、会社法人等番号がない法人（健康保険組合、土地改良区、認可地縁団体等）については、会社法人等番号以外に特定の法人であることを識別するために必要な事項（例えば、設立根拠法）を追加することが考えられます（部会資料35・10頁）。

また、外国において設立された法人については、設立にあたって準拠した法令を制定した国又は地域を登記事項とすることが考えられます（部会資料35・10頁）。

3　**施行期日**

令和6年4月1日となっています。

（岩本　文男）

Q45 外国に住所を有する登記名義人に関してどのような改正がなされましたか。

A ①国内における連絡先等を登記することが義務付けられました。②登記申請の際に、ⓐ外国政府等の発行した住所証明情報、ⓑ住所を証明する公証人の作成に係る書面（外国政府等の発行した本人確認書類の写しが添付されたものに限る）のいずれかの住所証明情報が必要となります。

1 外国に住所を有する所有権の登記名義人の連絡先の登記

（1）改正前の規律と問題の所在

　改正前不動産登記法は、所有権の登記名義人が外国に住所を有する場合であっても、国内に住所を有する場合と同様に、その氏名又は名称及び住所のみを登記事項としていました（改正前不登59条4号）。

　そのため、改正前の不動産登記制度下においては、外国に住所を有する所有権の登記名義人と連絡を取る手段として、当該住所まで直接赴く方法や当該住所に宛てて国際郵便等により書面を送付する方法がありましたが、これらの方法では相当の時間を要するという問題がありました（中間補足・212頁）。

　また、外国に住所を有する所有権の登記名義人が住所を移転していた場合には、住所の公示制度が整備された国でない限り、登記名義人が住所の変更の登記をしていなければ、新住所の調査は困難であり、登記名義人に連絡を取ることが困難であるという問題もありました（中間補足・212頁）。

（2）改正の内容

　以上の問題点を踏まえ、外国に住所を有する登記名義人へのアクセスをより容易にするため、所有権の登記名義人が国内に住所を有しないときは、不動産登記法59条4号に規定する事項に加えて、その国内における連絡先となる者の氏名又は名称及び住所その他の国内における連絡先に関する事項についても登記事項とし、その細目は法務省令において定めることとしました（改正不登73条の2第1項2号）。

（3）連絡先の登記の具体的な内容

　日本国内における連絡先としては、日本国内における代理人の氏名又は名称及び住所、日本国内における事務所の所在場所を登記することが考えられます（中間補足・213頁）。

（4）連絡先として登記される第三者の承諾

　連絡先として第三者の氏名又は名称及び住所を登記する場合には、当該連絡先として登記された第三者の氏名又は名称及び住所が公示されるほか、当該第三者に対して所有権の登記名義人宛ての連絡がされることになるため、あらかじめ当該第三者の承諾があることを要件としています（要綱第2部第5の2（1））。

（5）連絡先事項に変更が生じた場合

　連絡先となる者の氏名又は名称及び住所等の登記事項に変更があった場合には、所有権の登記名義人が単独で変更の登記申請をすることができるほか、連絡先となっている第三者も単独で変更の登記申請をすることが認められています（要綱第2部第5の2（1））。

　連絡先の登記の変更が必要となるケースとしては、その者の住所や事務所の所在地等に変更が生じたケースや、連絡先となるべき者が交替したケースなどが考えられます。なお、連絡先となるべき者が交替したケースについては、新しく連絡先となった者の承諾を要することになると考えられます（部会資料35・13頁）。

（6）「連絡先なし」との登記について

　国内における連絡先の登記という新たな制度を設けるにあたっては、特に制度導入当初においては連絡先の受け皿がなかなか見つからないといった事態も想定されることから、一定の場合には「連絡先なし」とする登記も許容することが相当であると考えられています（部会資料53・21頁）。

　例えば、外国に住所を有する者が相続により国内に所在する不動産の所有権を取得したような場合がこれに該当するとされていますが、このような例外をどの程度広く認めるかについては、法務省令において柔軟に対処すると

されています（部会資料53・21頁）。

　もっとも、外国に住所を有する所有権の登記名義人へのアクセスをより容易にするという趣旨に照らせば、国内における連絡先に関しては、できる限り「連絡先なし」とする登記がされないことが望ましく、広く国内における連絡先となる者が具体的に登記されるよう、不動産関連業者や資格者代理人（司法書士、土地家屋調査士等）が協力しながら、この制度の定着に向けて積極的に関与していく必要があるとの指摘もされています（部会資料57・16頁）。

２　外国に住所を有する外国人が不動産登記の申請をする際の添付情報の見直し

（１）改正前の規律と問題の所在

　改正前の不動産登記法は、国内に住所を有するか外国に住所を有するかにかかわらず、登記名義人の住所を登記事項としていました（改正前不登59条4号）。

　そして、外国に住所を有する者が所有権の登記名義人となる場合には、正確な住所を登記するとともに虚無人名義の登記を防止するため、登記申請時に、添付情報として、①外国に住所を有する日本人の場合には住所地を管轄する在外公館から発給された在留証明書等を、②外国に住所を有する外国人の場合には同国の官公署の証明に係る書面又は同国の公証人の証明に係る書面等を、それぞれ提供することとされていました（①につき昭和33年1月22日付け法務省民事甲第205号民事局長心得回答、②につき昭和40年6月18日付け法務省民事甲第1096号民事局長回答参照）。

　このうち、①については、住所は正確であると考えられ、かつ、その者が実在することを証明するに足りると考えられますが、②については、登記先例による実務上の取扱いにとどまり、実際にどのような書面が必要であるか、またその正確性がどの程度のものであるかについては必ずしも明確でない部分があり、運用上の幅が広くなっているとの指摘がされていました（中間補足・214頁）。

（2）改正の内容

　所有権の登記名義人について住所証明情報の提供を求めている趣旨は、①正確な住所を登記するとともに、②虚無人名義の登記を防止する点にあるとされています。

　この点、①の観点からは、住所証明制度が整備されていない国においては、次善の策として、公証人による証明の方法で一定の正確性を担保することとせざるを得ません。他方で、②の観点からは、外国政府等の発行する本人確認書類（旅券や身分証明書等）をもって本人の実在性の確認を補強することが考えられます。

　そこで、外国に住所を有する外国人が所有権の登記名義人となろうとする場合に必要となる住所証明情報として、外国政府等の発行した住所証明情報に加えて、外国政府等が発行した住所証明情報の提出が難しい場合には、公証人の作成に係る住所証明書を引き続き許容するものの、外国政府等の発行した本人確認書類の写し等の提出も求めることとしました（要綱第2部第5の2（2））。

　法人について、設立準拠法国と営業上の本拠地国とが異なる場合には、実在性を確認する観点から、設立準拠法国による証明書を提供することを要するとされています（部会資料35・15頁）。

　また、「外国政府等」としては、外国の政府若しくは地方公共団体又は条約その他の国際約束により設立された国際機関を指すものとされており、公証人は含まれません（部会資料35・15頁）。

　なお、本改正は、添付書面としての住所証明情報の具体的な当てはめに関するものであるため、最終的には政省令の改正又は通達等によって実現することが考えられています（部会資料35・16頁）。

3　施行期日

　令和6年4月1日となっています。

（岩本　文男）

Q46 登記簿の附属書類の閲覧に関してどのような改正がなされましたか。

A ①本人が請求する場合は、制限なく認められます。
②第三者が請求する場合は、閲覧につき正当な理由が必要となります。

1 改正前の規律

改正前の不動産登記法では、附属書類のうち図面以外のものについては、閲覧を請求する者が利害関係を有する部分に限って閲覧が認められていました（不登121条2項）。

もっとも、この「利害関係」が具体的にどのような範囲のものを指すのかについては、解釈に委ねられており、実務においては、事例ごとに登記官が個別に判断することとなっていました。

2 改正法の内容

（1）概　　要

閲覧が認められる範囲が過度に厳格に解釈されて閲覧制度の趣旨が損なわれることを避けつつ、適切な範囲のものに限定して解釈することができるように、「利害関係」という要件ではなく、「閲覧につき正当な理由がある」ことが要件として定められることになりました（改正不登121条3項）。

（2）自己を申請人とする登記に係る登記簿の附属書類について

自己が登記の申請人となっている登記に関しては、附属書類として保存されている書類の閲覧を認めたとしても個人情報保護の趣旨に反することはないため、閲覧の対象となる附属書類の範囲は限定されません。

なお、申請人が複数名存在するケースであっても、共同して申請されている以上、必ずしも請求人自身が提供した書類ではなかったとしても、当該登記申請に係る書類であれば、閲覧が認められます（中間補足215頁）。

（3）正当な理由の有無

（A）正当な理由が認められる場合

以下のようなケースでは、正当な理由があると考えられます（中間補足・216頁、部会資料35・17頁）。

① 当該不動産の隣地の所有者が、過去に行われた分筆の登記の際の隣地との境界標や筆界の確認の方法等について確認したいというケース

② 被相続人Aから相続人Bへの相続登記がされている不動産がある場合に、他の相続人Cが当該相続登記の内容に疑義があると考えるケース

③ 当該不動産を購入しようとしている者が附属書類の閲覧につき登記名義人から承諾を得たうえで、過去の所有権の移転の経緯等について確認しようとするケース

④ 閲覧請求をしている者を当事者とする訴訟（あるいは今後訴訟提起がされる可能性があるもの）において直接の争点とはなっていないものの、これに関連する事実関係の確認のために相手方当事者が登記名義人となっている不動産登記の附属書類の閲覧が必要であると認められるケース

（B）正当な理由が認められない場合

住民票や戸籍など本来的な交付請求等によるアクセスの手段が定められているものについては、基本的にその制度に基づく交付請求等によるべきであり、登記簿の附属書類を利用する正当な理由はないと整理されます。

例えば、抵当権の登記名義人Dが、債務者である所有権の登記名義人Eと連絡がつかないために同人やその親族の所在を探索する目的で、前主FからEへの所有権の移転の登記の際に添付された住民票の写し（配偶者や本籍の情報が記載されている可能性があります）を確認したいと考えたケースについては、正当な利理由がないと考えられます（中間補足・216頁）。

また、DV被害者等である登記名義人の住所が記載された申出書や添付情報等の閲覧については、本人以外の者については、登記名義人の住所情報を利用することにつき基本的に正当な理由がないものと整理されます（中間補足・216頁）。

(C) 今後の運用について

　具体的な取扱いについては、法務省令で添付書面等についての規律を設けるなどしたうえで、さらに、通達・通知等でより詳細な運用上の指針を示すことが考えられています（部会資料35・17頁）。

　例えば、訴訟提起目的での附属書類の閲覧の請求については、訴状の写しや訴状案などの提出を受け、登記官において、どのような事件であるかなどを把握したうえで、当該請求人が当該附属書類を閲覧することにつき正当な理由があると認められるかを判断するとともに、その利用目的に照らして閲覧が必要と認められる部分を判断することなどを念頭に、通達等により、閲覧の可否及びその範囲を判断する過程の合理化や判断基準の適正化を図ることが考えられます（部会資料35・17頁）。

（4）図面の閲覧請求について

　登記簿の附属書類のうち政令で定める図面（土地所在図、地積測量図、地役権図面、建物図面及び各階平面図面）については、何人も閲覧の請求をすることができ（不登121条2項）、改正前の規律が維持されています。

3　施行期日

令和5年4月1日となっています。

（岩本　文男）

Q47 住所情報の公開について、どのような改正がなされましたか。

A 加害行為を受けるおそれがある者を保護するため、登記事項証明書に登記名義人の住所に代わる事項を記録することが認められるようになりました。

1 改正前の規律・運用

不動産登記法では、登記記録に登記名義人等の氏名及び住所が記録されるため（不登59条4号等）、登記事項証明書の交付を請求することにより、何人でも住所を知ることが可能でした（不登119条1項）。

もっとも、DV被害者（配偶者からの暴力の防止及び被害者の保護等に関する法律1条2項）、ストーカー行為の相手方（ストーカー行為等の規制に関する法律7条）、児童虐待を受けた児童（児童虐待の防止等に関する法律2条）については、被害者情報の保護の観点から、登記実務において、一定の場合に、現住所への住所の変更の登記を不要とする取扱い（平成25年12月12日付け法務省民二第809号民事局民事第二課長通知）、前住所又は前々住所を登記権利者の住所として申請することを許容する取扱い（平成27年3月31日付け法務省民二第196号民事局民事第二課長通知）、登記申請書等に記載されている被支援措置者の住所の閲覧制限の取扱い（平成27年3月31日付け法務省民二第198号民事局第二課長通知）がされていました。

ただし、これらの取扱いは運用上のものに止まっていました。

2 本改正の内容

（1）概　要

本改正により、登記記録に記録されている者（自然人に限られます）の住所が明らかにされることにより、人の生命・身体に危害を及ぼすおそれがある場合や、これに準ずる程度の心身に有害な影響を及ぼすおそれがある場合に、本人からの申出があったときは、住所に代わる連絡先を登記情報として記載することが認められました（不登119条6項）。

（2）対象者の範囲

上記**1**で述べたDV被害者等に限られず、住所が明らかとなることにより当該登記名義人に対して加害行為がされるおそれがある者が対象となります。

なお、登記官において対象者の構成要件該当性を適切に審査することができるようにするため、客観的に要件の有無を判断することができる資料（公的資料又はこれに準ずる資料）の提供が必要になると考えられています（部会資料38・48頁）。

（3）現住所を非公開とする方法

登記名義人の現住所ではなく、住所に代わる連絡先が登記事項証明書上に記載されることになります（なお、住所に代わる連絡先も「住所」として記載されます）。

具体的な内容は細目的事項として法務省令で定められることになりますが、具体的な連絡先としては、登記名義人の親族・知人等の住所、委任を受けた弁護士事務所、被害者支援団体等の住所、法務局の住所などが考えられます（部会資料38・48頁）。なお、住所に代わる連絡先として法務局の住所を記載する場合には、「○○法務局」との記載まではしない運用が想定されています（中間補足・202頁）。

親族・知人など第三者の住所を記載する場合には、当該第三者の個人情報に配慮する必要があることに加え、当該第三者に対する加害行為のおそれもあることから、当該第三者の承諾があることを要件とすることが相当であるとされています（部会資料38・49頁）。また、当該承諾があった場合でも、その後に当該第三者からの申し出があった場合には、登記事項証明書に法務局の住所を記載することとするなどの対応をすることが考えられます（部会資料38・49頁）。

（4）秘匿する期間

非公開の措置を取り下げる旨の申出が登記名義人からされない限り、非公開の措置を継続することとした上で、実務上の取扱いとしては、非公開の措置を続けるかどうかを法務局が定期的に登記名義人に確認し、その際に、この措置を続ける必要性が失われている場合には、この措置の取下げを検討す

るように促すことが考えられています（中間補足・202頁）。

（5）訴訟提起の場合の取扱い

　本規律を設けることにより登記名義人に対する訴訟提起が困難になることを回避するため、調査嘱託を活用することが検討されています（中間補足・203頁）。具体的には、裁判所が、個別の訴訟手続等において、登記名義人等の住所を明らかにすることが必要であると認めて、登記所に対して住所を回答するように調査嘱託をした場合には、登記所は把握している登記名義人の現住所を回答するという運用を行う方向で検討が進められています。また、登記所が、登記名義人について裁判所から調査嘱託を受けた場合には、当該登記名義人本人にその旨を通知するといった配慮を行うことも含め、具体的な実務運用の在り方については、引き続き検討することが想定されています（部会資料57・19頁）。

3　施行期日

　令和6年4月1日となっています。

（岩本　文男）

◆ 相続土地国庫帰属制度

Q48　相続土地国庫帰属制度とはどのような制度ですか。

A 相続土地国庫帰属制度とは、社会情勢の変化に伴い増加している所有者不明土地の発生を抑制することを目的として、「相続等により取得した土地所有権の国庫への帰属に関する法律」（「国庫帰属法」）によって新たに設けられた制度です。

　土地所有者が所有し続けることを望まない土地を、土地所有者の申請に基づき国庫に帰属させ国の管理下に置くことによって、将来的に所有者不明土地となることを防止することを企図しています。

　その法律構成として、土地所有者が国庫帰属を申請し、承認要件を充足した土地について法務大臣が申請を承認し、土地所有者が負担金を納付することによって、土地所有権を国庫に帰属させる方法が採用されました。

　この承認要件はかなり厳格に定められているものの、制度の利用状況等を勘案して見直される可能性もあり、今後の活用が期待される制度です。

1　相続土地国庫帰属制度が設けられた背景

　相続土地国庫帰属制度は、土地所有者が所有し続けることを望まない土地を、土地所有者の申請に基づき国庫に帰属させる制度です。

　現況では、人口減少により土地需要が縮小し価格が下落する土地が増加しつつあり、土地所有者の関心が失われ適切に管理されない土地が増加することが予想されています。このような土地は、相続登記がされないまま放置される等、将来的には管理不全状態になり、所有者不明土地となるおそれがあります。そこで、現在適切に管理されている土地が将来管理不全状態となることを防ぐとともに、相続による所有者不明土地の発生を抑制するために、一定の要件を満たす場合に限定して、土地所有者が土地の所有権を手放し、土地を国庫に帰属させる制度の創設が検討されました[1]。

---

(1)　中間補足・148頁

　土地所有者が土地所有権を手放すことを可能とする仕組みとしては、当初、民法に土地所有権の放棄についての規定を新設することが検討されました。

　例えば、所有者のない不動産は国庫に帰属する（民239条2項）という規律を用いて、不動産の所有権は原則として放棄できないとの規律を設けた上で、一定の要件を満たす場合には、審査機関が土地所有権の放棄を認可し、所有権が放棄された土地は、民法239条2項により国庫に帰属するとの制度が提案されました[2]。

　しかし、土地を国庫に帰属させるという目的を達成するためには、行政処分によって土地所有権が国に移転するとした方が直截的である等の理由から[3]、相続土地国庫帰属制度が創設されることとなりました（Q51参照）。

3   土地所有権を国庫に帰属させる要件

　土地の所有権が国庫に帰属すると、土地所有者が民法の相隣関係や不法行為の規定（民216条、709条等）に基づき負っている一定の義務や責任及びそれに伴う管理コストを、国が負担することになり、そして最終的には国民が負担することになります。また、所有者が将来的に土地の所有権を国庫に帰属させるつもりで土地を適切に管理しなくなるというモラルハザードが発生するおそれもあります[4]。

　このため、土地所有者が相続土地国庫帰属制度を利用するに当たっては、下記の要件[5]を満たす必要があります（Q49で詳述します。）。

（1）承認申請ができる土地所有者

　承認申請ができる土地所有者は、相続又は相続人に対する遺贈により、土地の所有権の全部又は一部を取得した者です（国庫帰属法1条、2条1項）。

---

(2)　部会資料36・1頁
(3)　部会資料48・4頁
(4)　中間補足・148頁
(5)　これらの要件を定めるに当たっては、相続税の物納の要件（相続税法41条2項、相続税法施行令18条1号、相続税法施行規則21条）が参考とされています。

土地を自ら進んで取得したのではない土地所有者には、一定の限度で、土地の管理の負担から免れる途を開くことが相当ですが、相続や相続人に対する遺贈を契機として土地をやむを得ず取得した場合はその典型例ですので、このような要件が設けられました[6]。

なお、共有地については別途の定めが設けられました（国庫帰属法2条2項）。

（2）承認申請に係る土地の形式的要件

承認申請に係る土地は、以下のいずれにも該当しないことが必要です（国庫帰属法2条3項）。

①建物の存する土地、②担保権・用益権が設定されている土地、③通路その他の他人による使用が予定される土地、④土壌汚染のある土地、⑤境界、所有権の存否・帰属・範囲について争いがある土地

これらの土地は、国による管理・処分が困難となることが類型的に予測されることから、承認申請の対象から除外されています。

（3）承認申請に係る土地の実質的要件

承認申請に係る土地は、通常の管理又は処分ができない土地に該当しないことが必要です（国庫帰属法5条1項）。

その具体例として、①崖地、②工作物等の存在、③地中有体物の存在、④隣地所有者等との争訟が必要なことが挙げられ、⑤包括条項が設けられています。

これらの土地については、通常の管理又は処分ができない土地かどうかが、実質的に判断されます。

4 負担金の納付

土地所有権の国庫帰属の効果は、法務大臣が相続土地国庫帰属の申請を承認し、承認申請者が負担金を納付したときに生じます（国庫帰属法11条1項）。

---

(6) 部会資料36・4頁、9頁、部会資料48・6頁

この負担金額は、承認に係る土地の10年分の標準的な管理費として政令に基づき算定されます（国庫帰属法10条1項）[7]。

　このように、土地所有者は土地の管理に係る一切の負担を免れるわけではなく、モラルハザードや国の財政負担に対する歯止めとなっています。

5　国庫帰属した土地の管理

　国庫に帰属した土地は、原則として財務大臣が管理処分します（国有財産法3条3項、6条、8条）。ただし、農用地及び森林として利用されている土地については、農林水産大臣が管理処分します（国庫帰属法12条）。

　この関係で、法務大臣と、財務大臣及び農林水産大臣等との連携を図る規定が設けられています。

　例えば、法務大臣は、相続土地国庫帰属の申請を承認するときは、対象地が農用地又は森林として利用されている土地でないと明らかに認められる場合を除き、あらかじめ、その土地の管理について、財務大臣及び農林水産大臣の意見を聞くこと（国庫帰属法8条）[8]、国庫帰属の効果が発生したときは、財務大臣又は農林水産大臣に通知しなければならないこと（国庫帰属法11条）、すでに国庫帰属の効果が生じている土地の承認を取り消すときは（Q50参照）、あらかじめ、財務大臣又は農林水産大臣等所管する各省各庁の長の意見を聴かなければならないこと（国庫帰属法13条2項）等が定められています。

---

(7)　衆議院法務委員会令和3年3月24日議事録13頁〔小出発言〕によると、負担金の額は「粗放的な管理で足りる原野であれば10年分で20万円、200平米程度の市街地にある宅地であれば80万円程度」とのことです。

(8)　土地が承認要件を満たす場合は、法務大臣は必ず申請を承認しなければいけません。したがって、国庫帰属法8条に基づき法務大臣が農林水産大臣及び財務大臣に意見を聴く趣旨は、承認申請の是非の判断のためではなく、国庫帰属する土地の性質についての法務大臣の判断の参考とするためです。例えば、一筆の土地が農用地として利用されている部分と宅地として利用されている部分を含んでいるような場合に、法務大臣が、当該土地を管理することとなる可能性がある農林水産大臣及び財務大臣から当該土地の性質についての意見を聴き、その判断の参考とすることを想定しています（部会資料58・4頁）。

6   実務への影響

　相続土地国庫帰属制度の創設により、土地所有者は、自身による管理が困難で、売却や利用権設定もできない土地について、管理の負担から免れることが可能となりました。

　このような制度は、管理の負担から解放される土地所有者にとって有益であることはもちろん、管理不全土地、所有者不明土地の発生を抑制する点で、広く国民の利益にも資すると考えられます。

　承認要件については、国の財政負担の軽減や、モラルハザード防止等の観点から、かなり厳格に定められているものの、制度の利用状況等を勘案して見直される可能性もあり、今後の活用が期待される制度です（Q51参照）。

7   施 行 期 日

　令和5年4月27日です。

（中祖　康智）

Q49 相続土地国庫帰属制度により土地を国庫に帰属させるには、どのような要件を満たす必要がありますか。

A 土地所有者の要件は、相続又は相続人に対する遺贈により土地の所有権の全部又は一部を取得したことです（国庫帰属法1条、2条1項）。ただし、共有地については別途定めがあります（国庫帰属法2条2項）。

承認申請ができる土地の形式的要件は、①建物の存する土地、②担保権又は使用収益権が設定されている土地、③他人による使用が予定される土地、④土壌汚染のある土地、⑤所有権の存否、帰属又は範囲について争いがある土地、のいずれにも該当しないことです（国庫帰属法2条3項）。

承認申請に係る土地の実質的要件は、通常の管理又は処分を妨げる事情がないことです（国庫帰属法5条1項）。具体的には、①崖地、②工作物等の存在、③地下埋設物の存在、④隣地所有者等との争訟が必要なことが挙げられ、⑤包括条項が設けられています。

承認申請者は、申請が承認された場合には、負担金を納付しなければならず（国庫帰属法10条1項）、この負担金が納付された時に、土地の所有権は国庫に帰属します（国庫帰属法11条1項）。

1 土地所有者に関する要件

（1）相続土地国庫帰属制度は、承認申請にかかる土地の所有者の要件として、相続又は相続人に対する遺贈により、土地の所有権の全部又は一部を取得した者であることを要求しています（国庫帰属法1条、2条1項）。（以下、相続と相続人に対する遺贈とを合わせて「相続等」といいます。）

土地所有権の取得原因のうち、「相続」については、遺産分割や特定財産承継遺言によるものを含み、「相続人に対する遺贈」とは、受遺者である所有者が遺言者の相続人であった場合を指します[1]。したがって、承認申請ができるのは、原則として自然人に限られています。

「土地の所有権の一部を取得した者」とは、例えばAがBと共同して土地を購入し共有していたが、Bが死亡しAがその持分を相続し、単独所有となっ

たケースのように、相続等によらずＡの意思に基づいて取得した共有持分と相続等により取得した共有持分が混在している場合であっても、Ａは承認申請が可能という意味です。しかも、このケースのように、最初の共有持分の取得原因が相続等でない場合であっても構いません[2]。

（2） 共有地については、共有者全員が共同して行うときに限り承認申請をすることができます。この場合には、その有する共有持分の全部を相続等以外の原因により取得した共有者であっても、相続等により共有持分の全部又は一部を取得した者と共同して承認申請ができます（国庫帰属法２条２項）。

　つまり、共有地については、共有者のうちの１名が要件を満たし、共有者全員が共同して行うのであれば、承認申請が可能です。この場合には、共有者に法人が含まれていても構いません[3]。

2 　土地に関する形式的要件

（1） 承認申請に係る土地の形式的要件は、以下のいずれにも該当しないことです（国庫帰属法２条３項）。

① 　建物の存する土地

② 　担保権又は使用及び収益を目的とする権利が設定されている土地

③ 　通路その他の他人による使用が予定される土地として政令で定めるものが含まれる土地

④ 　土壌汚染対策法２条１項に規定する特定有害物質（法務省令で定める基準を超えるものに限る。）により汚染されている土地

⑤ 　境界が明らかでない土地その他の所有権の存否、帰属又は範囲につい

（1）部会資料36・9頁、部会資料48・6頁。なお部会資料36・9頁は、所有権取得原因に相続だけでなく相続人に対する遺贈も含めた理由として「結局相続をすることになるために遺贈の放棄をせず、土地からの受益がなくてもやむを得ず所有していることが類型的にあり得ること、相続人に特定の財産の権利を移転させるという点では遺贈は特定財産承継遺言と同様の機能を有するが、実際にはそのいずれの趣旨であるかの解釈は容易ではないケースがあり、取扱いに大きな差異を設けることは適当でないこと」を挙げています。

（2）部会資料54・4頁

（3）部会資料48・3頁（注４）・7頁

て争いがある土地

（2）③「通路その他の他人による使用が予定される土地として政令で定める
ものが含まれる土地」とは、通路の他に、ため池、井溝、境内地等が想定さ
れています[4]。

（3）④「土壌汚染対策法2条1項に規定する特定有害物質（法務省令で定め
る基準を超えるものに限る。）により汚染されている土地」の「法務省令で定
める基準」については、土壌汚染対策法の環境省令で定める基準（特定有害
物質に係る土壌溶出量基準及び土壌含有量基準）と同様の基準となることが
想定されています[5]。

（4）⑤「境界が明らかでない土地その他の所有権の存否、帰属又は範囲につ
いて争いがある土地」の「境界」とは、筆界ではなく、所有権界を意味して
います[6]。

　なお、境界が特定されていることを明らかにするために承認申請者が提出
すべき資料としては、現地復元性を備えている登記所備付地図（地籍図等）
や地積測量図が考えられます。また、このような地図が存在しない場合には、
国庫帰属後の土地の管理機関が管理すべき土地の範囲を認識し、管理費用の
算出が可能な程度に地籍が特定されている図面（例えば現況測量による図面）
が考えられます。ただし、境界は提出図面のみで特定できるものではないた
め、提出された図面を基にして、法務局や関係行政機関の職員による現地調
査や周辺住民からの聞取り調査も想定されています[7]。

---

(4) 部会資料54・6頁、なお注14も参照
(5) 部会資料48・10頁
(6) 部会資料36・12頁、衆議院法務委員会令和3年3月24日議事録27頁〔小出発言〕。な
　　お部会資料36・12頁は、その理由として、地籍調査が十分に進展しておらず筆界が明確
　　でない土地が相当数存在する現状に鑑みると、筆界の特定を必要とすると要件の充足が
　　著しく困難となること、隣地所有者との間の紛争解決コストが国に転嫁されるのを防止
　　する観点からは、隣地所有者との間で所有権の境界についての争いがなければ足りるこ
　　とを挙げています。
(7) 部会資料54・6頁

(5) これらの要件は、土地が国庫帰属し、国が管理・処分することとなった場合に、通常の管理・処分を妨げることが予測される事由のうち、客観的・定型的判断が比較的容易である場面を類型化し、この類型に当てはまる土地については、承認申請の対象から除外する趣旨です[8]。

前項**1**の承認申請者の要件を満たさない場合や、本項（1）の①～⑤のいずれにも該当しないことの要件を満たさない場合は、承認申請は却下されます（国庫帰属法4条1項1号、2号）。

3　土地に関する実質的要件

(1) 承認申請に係る土地の実質的要件は、以下のいずれにも該当しないことです（国庫帰属法5条1項）。

① 崖（勾配、高さその他の事項について政令で定める基準に該当するものに限る。）がある土地のうち、その通常の管理に当たり過分の費用又は労力を要するもの

② 土地の通常の管理又は処分を阻害する工作物、車両又は樹木その他の有体物が地上に存する土地

③ 除去しなければ土地の通常の管理又は処分をすることができない有体物が地下に存する土地

④ 隣接する土地の所有者その他の者との争訟によらなければ通常の管理又は処分をすることができない土地として政令で定めるもの

⑤ ①から④に掲げる土地のほか、通常の管理又は処分をするに当たり過分の費用又は労力を要する土地として政令で定めるもの

(2) ①「崖（勾配、高さその他の事項について政令で定める基準に該当するものに限る。）がある土地のうち、その通常の管理に当たり過分の費用又は労力を要するもの」に該当しないことを要件としたのは、政令で定める一定の

---

(8) これらの5項目は「要綱」では次項（3）記載の5項目（国庫帰属法5条1項各号）と並列的に、申請の棄却事由として記載されていましたが、法律案において、申請段階の要件として整理されました。その理由につき七戸克彦『改正民法・不動産登記法』（ぎょうせい、2021年）292頁は、これらの5項目については事実調査の手続を踏むことなく、申請段階で「承認申請書」とともに提出される「添付資料」により、書面審査を行う趣旨に出たものとしています。

基準に該当する崖がある土地については、原則として国庫帰属を承認しないものの、通常の管理に当たり過分の費用又は労力を要しない場合には国庫帰属を承認するという趣旨です。

　例えば、広大な土地の一部のみが崖になっており、それが崩落したとしても周辺土地やその住民に悪影響を及ぼさないのであれば、その管理に過分な費用及び労力はかからないものと考えられます。

　なお、崖地のうち擁壁等が設置されている人工崖については、その修復等に多大な費用を要する場合が多いため、通常は国庫帰属が認められないことが想定されます[9]。

（3） ②「土地の通常の管理又は処分を阻害する工作物、車両又は樹木その他の有体物が地上に存する土地」に該当しないことを要件としたのは、工作物、車両又は樹木その他の有体物が土地の管理に与える影響は土地の性質によって様々なので、このような有体物が存在する土地の国庫帰属を一律に認めないのではなく、当該有体物が土地の性質に応じた管理を阻害するものでなければ国庫帰属を承認するという趣旨です[10]。

　例えば、一般論としては、森林における樹木は、土地の通常の管理又は処分を阻害する有体物には該当しないと考えられます[11]。

（4） ③「除去しなければ土地の通常の管理又は処分をすることができない有体物が地下に存する土地」に該当しないことを要件としたのは、地下に有体物があったとしても土地の管理や利用に支障がないことも多いことから、一律に国庫帰属を認めないのではなく、当該有体物が土地の管理又は処分を阻害するものでなければ国庫帰属を承認するという趣旨です。

　例えば、広大な土地の一部に若干の地下有体物が存在していても土地の管理には支障がないものと認められることがある一方で、農地においては、農作物を作る土地という性質上、わずかな地下有体物であっても、土地の管理を阻害すると認められる可能性があります。このように、土地の管理を阻害

---

(9)　部会資料54・7頁

(10)　部会資料36・13頁

(11)　衆議院法務委員会令和3年3月24日議事録28頁〔小出発言〕

するか否かは、土地の性質に応じて判断されることになります。

　なお、申請に係るすべての土地について、実地調査に当たり掘削等により有体物が存在しないことの確認を行うことは現実的ではないことから、土地の外観や地歴から明らかに埋設物が存在する蓋然性が認められるような場合以外は、掘削等を行わないと考えられます[12]。

（5） ④「隣接する土地の所有者その他の者との争訟によらなければ通常の管理又は処分をすることができない土地として政令で定めるもの」とは、土地の帰属や範囲については争いがないが、隣接する土地の所有者その他の者との争訟によらなければ通常の使用ができないと見込まれる土地を指します。

　例えば、隣地上にある竹木の枝や建物の屋根の庇が、承認申請に係る土地と隣地の境界を越えて、承認申請に係る土地内に大きく張り出している場合等です[13]。

（6） ⑤「①から④に掲げる土地のほか、通常の管理又は処分をするに当たり過分の費用又は労力を要する土地として政令で定めるもの」とは、いわゆる包括条項であり、具体的内容は政令により定められます[14]。

---

(12) 部会資料48・10頁。ただし、同部会資料の時点の提案内容は、客観的に承認要件を満たさないことが後日判明した場合には承認を取り消すことができるとするものであり、事後的に地下の有体物の存在が判明した場合には、国は承認を取り消すことによって、土地管理の負担を免れることが可能でした。これに対し、成立した法律では承認取消しができる場合を、承認申請者が偽りその他不正の手段により承認を受けた場合に限っており（国庫帰属法13条1項。Q50参照）、前提が異なっていることには注意を要します。

(13) 部会資料48・12頁

(14) 部会資料48までは前述の「通路その他の他人による使用が予定される土地として政令で定めるものが含まれる土地（に該当しないこと）」の要件は「通常の管理又は処分をするに当たり過分の費用又は労力を要する土地として政令で定めるもの（に該当しないこと）」の要件に含まれており、その例として、鉱泉地、池沼、ため池、墓地、境内地、運河用地、水道用地、用悪水路、井溝、堤、公衆用道路、別荘地等」が挙げられていました（部会資料48・12頁）。部会資料54から、「通路その他の他人による使用が予定される土地として政令で定めるものが含まれる土地（に該当しないこと）」の要件が独立し、その例として通路の他に、ため池、井溝、境内地等が挙げられました（部会資料54・6頁）。しかし、政令において、これらの類型が「通路その他の他人による使用が予定される土地」と「通常の管理又は処分をするに当たり過分の費用又は労力を要する土地」にどのように分類されるかは不明です。

（**7**）この要件の該当性については、承認申請後に法務大臣が行う事実調査（国庫帰属法6条）を踏まえて、1年ごとに（国庫帰属法5条2項）判断されます（前記注8参照）。

（**8**）法務大臣は上記事実調査のため必要があるときは、関係行政機関の長、関係地方公共団体の長、関係のある公私の団体その他の関係者に対し、資料の提供、説明、事実調査の援助その他必要な協力を求めることができます（国庫帰属法7条）。

（**9**）承認申請に係る土地が上記①から⑤の土地に該当しない場合には、法務大臣は「その土地の所有権の国庫への帰属についての承認をしなければならない。」と定められており（国庫帰属法5条1項）、承認の是非について法務大臣の裁量は認められていません[15]。

4　負担金の納付

　土地の国庫帰属の申請が承認されたときは、承認の通知と納付すべき負担金額が通知されます（国庫帰属法9条、10条2項）。

　承認申請者が、負担金額の通知を受けた日から30日以内に負担金を納付しなければならず（国庫帰属法10条3項）、この負担金を納付した時に、土地の国庫帰属の効果が生じます（国庫帰属法11条1項）。

　なお、この負担金の額は、承認に係る土地につき、国有地の取得ごとにその管理に要する10年分の標準的な費用の額を考慮して政令で定めるところにより算定されます（国庫帰属法10条1項）[16]。

（中祖　康智）

---

(15) 部会資料36・18頁
(16) 衆議院法務委員会令和3年3月24日議事録13頁〔小出発言〕によると、負担金の額は「粗放的な管理で足りる原野であれば10年分で20万円、200平米程度の市街地にある宅地であれば80万円程度」とのことです。

Q50

土地所有権の国庫帰属が承認されたものの、承認時に要件を満たしていなかったことが事後的に判明した場合に、承認が取り消されたり承認を受けた者に対し国から損害賠償請求がされたりすることはありますか。

A 相続土地国庫帰属の承認が取消されるのは、承認を受けた者が偽りその他不正の手段により承認を受けた場合に限られます。単に、承認要件を満たしていなかったことが事後的に判明したというだけでは承認は取り消されません。

　相続土地国庫帰属の承認を受けた者に対して国から損害賠償請求がされるのは、承認時において承認申請に係る土地が承認の要件を満たしていなかったことを、承認を受けた者が知りながら告げずに承認を受けた場合に限られます。承認要件を満たさないことを、過失（重過失を含みます。）により知らなかったという場合には、損害賠償請求をされることはありません。

　なお、承認取消しについては、期間制限がありません。また、国から承認を受けた者に対する損害賠償請求の期間は、会計法30条の規律に委ねられます。

1　国庫帰属の承認の取消について

（1）行政行為が行われたものの、その当時に要件を満たしていなかったことが事後的に判明した場合には、その行政行為は取り消され、遡及的に無効となるのが行政行為の一般法理です。

　相続土地国庫帰属制度にかかる法務大臣の承認についても、当初は、承認時において申請に係る土地が承認の要件を満たしていなかったことが事後的に判明した場合には、行政行為の一般法理に従い承認が取り消されることが予定されていました[1]。

　しかし、法務大臣が事前に要件審査を行い、承認が認められない土地の類型に該当しないものと判断して承認をしたにもかかわらず、その後、この判

---

(1) 部会資料36・2頁（注3）・20頁、部会資料48・3頁・15頁

断について事実誤認があったことが判明した場合や、その評価が誤っていたことが事後的に判明した場合に職権取消しを許すことは、承認を受けた者に法務大臣の判断の誤りのリスクを負わせ、法務大臣の処分への信頼を事後的に覆すことになりかねず、必ずしも公正ではありません。

そこで、単に、承認要件を満たしていなかったことが事後的に判明したというだけでは、承認は取り消されないこととされました[2]。

（2）一方で、偽りその他不正の手段があった場合については、上記のような配慮は不要です。

したがって、承認申請者が「偽りその他不正の手段により」承認を受けたことが判明した場合には、法務大臣は承認を職権で取り消すことができます（国庫帰属法13条1項）。

そして、偽りその他不正の手段により承認を受けた者については、職権取消の期間制限を設けて保護する必要はないため、職権取消しができる期間を制限する規定は設けられていません[3]。

（3）なお、国庫帰属の承認後、管理費用が納付されるまでの間に土地が要件を満たさなくなるような事態が発生した場合（例えば、天災により平地に崖が生じたような場合）に、法務大臣が承認を事後的に撤回することは可能です[4]。

（4）法務大臣は、負担金の納付により既に国庫帰属している土地についての承認を取り消すときは、財務大臣、農林水産大臣その他のその土地を所管する各省各庁の長の意見を聴きます（国庫帰属法13条2項）。

また、その土地の所有権を取得した者や所有権以外の権利の設定を受けた者がいるときは、その者の同意を得ることが必要です（国庫帰属法13条3項）。

---

(2) 部会資料54・10頁
(3) 部会資料54・10頁
(4) 部会資料54・10頁

2 国庫帰属の承認を受けた者に対する損害賠償請求

（1） 例えば、国庫帰属後に土地に土壌汚染があることが判明し、これにより国に損害が発生した場合には、承認を受けた者が土地所有者として本来負うべき管理コストが国に転嫁されたことになります。しかし、承認を受けた者と国との間には契約関係はないため債務不履行責任も担保責任も成立しません。このため、承認を受けた者に不法行為責任が成立しなければ、国は損害賠償請求ができないことになります。そこで、当初は、必ずしも不法行為責任が成立しない場合であっても国の損害賠償請求を可能にすべきとの観点から、承認を受けた者に過失（又は重過失）があった場合に国の損害賠償請求を認める規定が検討されていました[5]。

しかし、承認の取消しについて述べたことと同様に、法務大臣が事前に要件審査を行い、承認が認められない土地の類型に該当しないものと判断して承認をしたにもかかわらず、その後、この判断について事実誤認があったことや、その評価が誤っていたことが事後的に判明した場合に国が承認を受けた者に対して損害賠償請求をすることができるものとすることは、承認を受けた者に法務大臣の判断の誤りのリスクを負わせ、法務大臣の処分への信頼を事後的に覆すことになりかねず、必ずしも公正ではありません[6]。

（2） そこで、承認時において承認に係る土地が要件を満たしていなかったために国に損害が生じたことを理由として、承認を受けた者に対して損害賠償請求ができる場合は、承認を受けた者が、要件を満たさない事由があることを「知りながら告げずに」承認を受けた場合に限定されました（国庫帰属法14条）。

（3） また、この損害賠償請求の期間は、会計法30条に従い、援用を要せず行使できるときから5年間で当然に時効消滅します。

当初は、承認を受けた者を長期にわたり不安定な立場に置くべきではないとの観点から、時効の起算点を承認時とする特別な規定を置くことが検討さ

---

(5) 部会資料36・2頁・18頁、部会資料48・2頁・13頁
(6) 部会資料54・9頁

れていました[7]。しかし、損害賠償請求の相手方を悪意者に限定したことから、そのような配慮は不要となりました[8]。

3　ま と め

　相続土地国庫帰属の要件はかなり厳しく設定されています（Q49参照）。これに加えて、承認が要件を満たさないことが事後的に判明した場合の承認取消や損害賠償請求が広く認められるとすると、承認要件を満たしている土地についても、土地所有者が承認申請を躊躇してしまう可能性があり、相続土地国庫帰属制度の目的が達成できなくなるおそれがあります。

　そこで、相続土地国庫帰属制度では、承認取消や損害賠償請求の要件として、承認申請者の悪意を要求することで、承認要件が厳しいこととのバランスが図られています。

（中祖　康智）

---

(7)　部会資料48・3頁・14頁
(8)　部会資料54・10頁

Q51

相続土地国庫帰属制度が制定される過程では、どのような議論が行われましたか。

A 1　土地所有者が土地所有権を手放す方法として、土地所有権の放棄によることが検討されました。

2　また、国の財政負担の軽減や地方公共団体や地域における土地の有効利用を促進する観点から、土地の帰属先を国に限定しないことが検討されました。

同様の観点から、土地所有権を手放すに先立ち、売却・貸付け等や、農用地や森林について既存の法律に基づく利用権設定や売却あっせんなどの仕組みを利用していることを前提条件とすることが検討されました。

3　この他にも、自然災害等により崩落のおそれが発生した土地、建物所有権、法人所有の土地等を対象に含めることが検討されました。

1　土地所有権の放棄という考え方

（1）土地所有者が土地の所有権を手放し、土地の所有権を国等の公的な機関に帰属させる方法として、当初は、土地所有権の放棄によることが検討されていました。

例えば、民法に、土地の所有者はその所有権を放棄し、土地を所有者のないものとすることができるとする規律を設けつつ、所有権放棄が可能な土地は、一定の要件を満たすものに限るとする案[1]や、不動産の所有権は原則として放棄できないとの規律を設けた上で、一定の要件を満たす場合には、審査機関が土地所有権の放棄を認可するとの案[2]です。

なお、所有権が放棄された土地は、所有者のない不動産は国庫に帰属すると定める民法239条2項により、最終的には国庫に帰属することが想定されていました[3]。

また、民法255条は、共有持分の放棄等があった場合にはその持分は他の

---

(1)　中間補足・148頁

(2)　部会資料36・1頁

(3)　中間補足・149頁、部会資料36・2頁（注1）

共有者に帰属すると定めていますが、共有持分権の放棄を無制限に認め、共有物の管理責任を他の共有者に転嫁させることも妥当でないとの観点から、共有物の放棄については、他の共有者の同意を必要とする規律を設けることが提案されていました[4]。

（2） しかし、所有権の放棄という構成については、いくつかの問題が提起されました。

　例えば、所有権放棄が民法206条の「処分」に含まれ、土地所有権の放棄も原則として自由であるとの見解[5]に対しては、同条の立法当時、同条の「処分」に権利の処分（放棄）は含まれないと考えられており、民法上、所有権放棄が原則として自由と言えるかどうかは明らかではないとの指摘がありました[6]。

　また、不動産の所有権放棄を原則不可としつつ、例外的に放棄が可能な場合を規定するという構成[7]に対しては、不動産と動産とで所有権放棄の可否を区別し、不動産についてのみ所有権放棄を原則不可とすることの理由付けを明確にする必要があるとの意見[8]や、不動産の所有権放棄を一般論として認めつつ権利濫用で対応するという従来の議論や裁判例[9]を踏襲し、放棄が権利濫用とならない場合を法律で定めるとの建付けとすべきだとの意見[10]がありました。

（3） 結局、土地が適切に管理されることなく放置され、所有者不明土地や管理不全土地になることを防止するために、土地所有者がその土地の所有権を国に帰属させることを可能とするには、行政処分によって土地所有権が国に移転するとした方が直截的であるとの理由から、土地所有者の承認申請とこれに対する法務大臣の承認により、国が土地所有権を所有者から承継取得す

---

(4)　中間補足・159頁
(5)　部会資料20・3頁
(6)　第10回議事録28頁〔佐久間発言〕
(7)　部会資料36・1頁
(8)　第16回議事録12頁〔中田発言〕
(9)　広島高松江支判平成28年12月21日訟月　64巻6号863頁
(10)　第16回議事録13頁〔松尾発言〕

るという相続土地国庫帰属制度が制定されることになりました。

　これとともに、共有持分権の放棄についての規律も設けられないことになりました[11]。

2　地方公共団体や地域における利活用を推進する制度設計

（1）土地所有者が土地の所有権を手放した場合の帰属先機関としては、当初、国の他に、地方公共団体や、土地に関する専門機関（いわゆるランドバンク等）が検討されました[12]。

　これは、土地所有者が土地の所有権を手放した土地のすべてを国に帰属させ国の管理下に置くことは、国の財政負担を重くすることになる一方で、地方公共団体は地域における土地利用や管理のニーズを把握しやすい立場にあり、土地の適切な管理と有効な利用の促進に資すること、ランドバンク等の専門機関は財政法等の法令の規律を受けず、機動的な管理処分が可能であること等から、地方公共団体やランドバンク等も帰属先機関として適切であると考えられたためです[13]。

　しかし、地方公共団体の中には小規模で財政的・人的資源に乏しい地方公共団体もあります。

　また、土地所有者が所有権を手放すことを希望する土地は一般に採算性が低いものが多くなると考えられます。ランドバンクを新たに創設し土地の帰属先としても、組織運営は公的資金に頼らざるを得ないことが想定され、既存の組織を活用できる国や地方公共団体と比して、公的な財政負担がより一層重くなる可能性がありました[14]。

　このような理由から、地方公共団体やランドバンクを帰属先機関とすることは現実的ではないと考えられ、土地所有者が土地の所有権を手放した場合の帰属先は、国とすることになりました。

---

(11) 共有持分権の放棄については、不動産については共有者の同意を要するとの提案（部会資料20・8頁）以前には、自己の負担を不当に免れ他の共有者に不利益を生じさせる放棄については権利濫用で対処すれば足りるとの見解が示されていました（部会資料2・14頁）。
(12) 部会資料2・10頁
(13) 部会資料2・11頁参照
(14) 部会資料20・2頁

（**2**）また、制度を利用する前提条件（要件）として、利用申請に先立って、政省令で定める方法により、売却・貸付け等を試みなければならないとすることが検討されました。具体的内容としては、ランドバンク・農地バンク等の土地の専門機関に売却・貸付け等を依頼すること、民間のオークションサイトや地方公共団体が運営する空き地・空き家バンク等の土地取引を取り扱うサイトにおいて、土地の無償での譲渡を試みること等です[15]。

しかし、例えば、売却を試みたことを要件にした場合には、適切な売却の試みと言えるか否かの売却金額の設定基準を定めなければいけませんが、そのような基準を定めるのは容易ではありません。また、地域によっては土地の売却に必要な不動産業者とのアクセス自体が困難な場合も考えられます。このようなことから、売却が適切に試みられたと認定するための規律を合理的に定めるのは困難です。また、手数料や負担金を納付してまでして土地所有権を手放そうとする者は、既に売却等の処分を試みているのが通常です。

このため、制度の利用に先立ち売却等が試みられていることは、制度利用の要件とされませんでした[16]。

（**3**）ただし、農用地及び森林については、土地を適切に集約して維持し、利用するという政策的観点から、農業経営基盤強化促進法、森林経営管理法等において、利用権を設定したり、売却をあっせんしたりするなどの仕組みが整備されています。

そこで、農用地及び森林については、制度の利用に先立ちこうした仕組みが利用されていることを、制度利用の前提条件（要件）とすることが検討されました[17]。

しかしこの場合には、農用地や森林の相続人にのみ、他の土地の相続人とは異なる義務を課すことの是非が問題となります。また、上記の農業経営基盤強化促進法、森林経営管理法等に基づく仕組みにおいては、地方公共団体がその窓口となっているため、実際上、地方公共団体が相談窓口となるほかないとの指摘もあり、地方公共団体の負担増加が懸念されました[18]。

---

(15) 部会資料36・1頁・7頁
(16) 部会資料54・4頁
(17) 部会資料54・4頁

このため、農用地や森林について、制度の利用に先立ち、農業経営基盤強化促進法、森林経営管理法等に基づく仕組みを活用していることは、制度利用の要件とされないことになりました。

（**4**）もっとも、相続土地国庫帰属制度により土地を国庫帰属させるには負担金の納付などが必要になるため、土地の所有者にとっては、既存制度を利用して農用地や森林を有償で譲渡したり利用権を設定したりする方が経済的に有利であり、また、地域にとっても有益です。

このため、制度の運用に当たっては、窓口となる法務局や農林水産省の関係部局において既存制度の広報に努めるなど、関係機関が連携して既存の制度の活用を促進していくことが重要です[19]。

国庫帰属法を可決する際の衆議院付帯決議においても、「承認申請があった際には、関係機関や地方公共団体との連絡・連携を密にし、土地の有効活用の機会を確保するよう、地域の実情の沿った運用に努めること。」とされています[20]。

3　制度の対象を広げること

（**1**）この他にも、①所有者の責任のない事由により土地が危険な状態になり管理費用が過大となっている土地（自然災害等により崩落のおそれが発生している土地等）[21]、②建物所有権[22]、③法人所有の土地[23]等を、制度の対象とすることについても検討されました。

しかし、①については、国が永続的に管理コストを負担するのではなく、国や地方公共団体が災害防止工事を実施したり所有者に補助金を交付して工事を実施させたりして対処すべきであること[24]、②については、建物は管理や取壊しのコストがかかり、土地工作物責任（民717条1項）の負担もある

---

(18) 第24回議事録・39頁、部会資料61・4頁
(19) 部会資料61・4頁
(20) 土地基本法7条及び土地基本方針も参照
(21) 部会資料2・4頁
(22) 部会資料1・53頁参照
(23) 中間補足・148頁（注2）
(24) 部会資料20・6頁

こと(25)、③については、経済活動の一環として自ら土地を取得している法人に土地所有権を手放すことを認めるべきではないこと等から、制度の対象とはされませんでした。

（**2**）この様に、相続土地国庫帰属制度制定の議論の過程では、土地所有者の負担軽減や管理不全土地・所有者不明土地が発生することを抑制する観点から、より緩やかな要件で土地所有権を手放すことを認めること等も検討されていました。

　しかし、モラルハザードを防止する観点からは安易な制度利用を認めることはできないこと、要件を緩和した場合にどの程度の土地が国庫帰属することになるのか予測がつかないことから、まずは厳格な要件の下で制度を開始し、その後、制度の利用状況を見ながら要件の緩和等について検討することになりました。

　このため、国庫帰属法附則2項には「政府は、この法律の施行後5年を経過した場合において、この法律の施行の状況について検討を加え、必要があると認めるときは、その結果に基づいて必要な措置を講ずるものとする。」と定められました。

　また、衆議院付帯決議においても、「施行後5年間の運用状況を踏まえ、検討を行うに当たっては、土地所有権の放棄の在り方、承認申請者の要件、国庫帰属後の土地の利活用の方策その他の事項についても検討し、その結果に基づいて必要な措置を講ずること。」と決議されました。

（中祖　康智）

---

(25) 部会資料20・9頁

◆関連法令

Q52 所有者不明土地の利用の円滑化等に関する特別措置法とはどのような内容ですか。

A 公共事業等の公共的な事業や行政による調査・管理人申立を対象とし、①所有者不明土地を円滑に利用する仕組み（公共事業における収用手続の合理化・円滑化や地域福利増進事業に一定期間の使用権設定）、②所有者の探索を合理化する仕組み（土地等権利者関連情報の利用及び提供、長期相続登記等未了土地に係る不動産登記法の特例）、③所有者不明土地を適切に管理する仕組み（財産管理制度に係る民法の特例）を設けた法律です。

1 背 景

人口減少・高齢化の進展に伴う土地利用ニーズの低下や地方から都市等への人口移動を背景とした土地の所有意識の希薄化等により、「所有者不明土地」（不動産登記簿等の公簿情報等により調査してもなお所有者が判明しない、又は判明しても連絡がつかない土地）[1] が全国的に増加しています。

また、今後、相続機会が増加する中で、所有者不明土地も増加すると指摘されています。

このような所有者不明土地については、公共事業用地の取得など様々な場面で、所有者の探索に膨大な時間・費用・労力を要し、事業計画の変更を余儀なくされたり、事業の実施そのものが困難になるといった問題に直面しています。

そこで、所有者不明土地の利用の円滑化を図るため、「所有者不明土地の利用の円滑化等に関する特別措置法」（以下「所有者不明土地法」という。）が制定されました。

---

(1) 平成28年度地籍調査において、不動産登記簿上で所有者の所在が確認できない土地の割合は筆数ベースで約20.1%（広義の「所有者不明土地」）。この中には調査を行えば所有者が判明するものも含まれ、同年度地籍調査において、市町村の探索の結果、最終的に所有者の所在が判明しなかった土地の割合は筆数ベースで約0.41%（最狭義の「所有者不明土地」）。

（1）定　　義

（A）所有者不明土地

　所有者不明土地法において、「所有者不明土地」とは、「相当な努力が払われたと認められるものとして政令で定める方法により探索を行ってもなおその所有者の全部又は一部を確知することができない一筆の土地」（2条1項）とされています。

　「相当な努力が払われたと認められる」方法とは、土地所有者確知必要情報（土地の所有者の氏名又は名称及び住所又は居所その他の当該土地の所有者を確知するために必要な情報）を取得するための次の方法とされています（所有者不明土地令1条）。

①　当該土地の登記事項証明書の交付を請求すること。

②　当該土地の土地所有者確知必要情報を保有すると思料される者（当該土地の現占有者・権利者（所有権以外）、当該土地上の建物等の権利者、当該土地の固定資産課税台帳・地積調査票・農地台帳・林地台帳を備える市町村長等、親族、在外公館の長、法人の代表者・清算人・破産管財人等（所有者不明土地規1条））に対し、当該土地所有者確知必要情報の提供を求めること。

③　登記事項証明書に記載の所有権の登記名義人又は表題部所有者その他①②により判明した当該土地の所有者と思料される者（以下「登記名義人等」という。）が記録されている住民基本台帳・戸籍簿又は除籍簿・戸籍の附票、法人の登記簿を備える市町村長・登記所登記官に対し、当該土地所有者確知必要情報の提供を求めること（所有者不明土地規2条1項）。

④　登記名義人等が死亡し、又は解散していることが判明した場合には、当該登記名義人等又はその相続人、合併後存続又は設立された法人その他当該土地の所有者と思料される者が記録されている住民基本台帳・戸籍簿又は除籍簿・戸籍の附票又は法人登記簿を備える市町村長・登記所登記官に対し、当該土地所有者確知必要情報の提供を求めること（所有者不明土地規2条2項）。

⑤　①～④により判明した当該土地の所有者と思料される者（未成年者は
その法定代理人を含む。）に対し、所有者特定のための書面の送付又は訪
問をすること（所有者不明土地規3条）。

　具体的な解釈・運用については、国土交通省不動産・建設経済局の「所
有者不明土地の利用の円滑化等に関する特別措置法　Q&A」（令和3年4
月）が参考になります。

(B)　特定所有者不明土地

　所有者不明土地法において、「特定所有者不明土地」とは、前記(A)の
「所有者不明土地」のうち、「現に建築物（物置その他の政令で定める簡易
な構造の建築物で政令で定める規模未満のもの（以下「簡易建築物」とい
う。）を除く。）が存せず、かつ、業務の用その他の特別の用途に供されて
いない土地」とされています（2条2項）。

　「簡易建築物」とは、物置、作業小屋その他これらに類するもので、床面
積20㎡未満で階数が1のものが該当します（所有者不明土地令2条）[2]。

(C)　特定登記未了土地

　所有者不明土地法において、「特定登記未了土地」とは、所有権の登記名
義人の死亡後に相続登記等（相続による所有権の移転の登記その他の所有
権の登記をいう。以下同じ。）がされていない土地であって、土地収用法3
条各号に掲げるものに関する事業（以下「収用適格事業」という。）を実施
しようとする区域の適切な選定その他の公共の利益となる事業の円滑な遂
行を図るため当該土地の所有権の登記名義人となり得る者を探索する必要
があるものをいいます（所有者不明土地2条4項）。

（2）所有者不明土地を円滑に利用する仕組み
（A）公共事業における収用手続の合理化・円滑化

　収用適格事業のために起業者が土地を取得しようとする場合、土地収用
法に基づき、事業の認定を受けた後に収用委員会の裁決を経ることにより、

---

(2) 国土交通省不動産・建設経済局「地域福利増進事業ガイドライン」（令和3年4月）4
頁

所有者の意思にかかわらず、土地を取得することが可能とされています。

　所有者不明土地についても、土地収用法の不明裁決（収用48条4項、49条2項）による土地の取得が行われてきましたが、①所有者不明土地は、建築物が存在せず、利用されていないものも多く、このような土地はその補償額の算定が容易であるにもかかわらず、収用委員会の裁決を求めなければならない、②所有者不明土地は、共有地が多く、判明している権利者は一切反対していないにもかかわらず、一人でも不明所有者が存在する場合には、審理手続を行わなければならない、といった手続上の課題があり、事業の円滑な実施が困難となっていました。

　そのため、建築物が存在せず、利用されていない所有者不明土地（特定所有者不明土地）に限り、反対する権利者がいない場合には、収用委員会ではなく都道府県知事の判断により、審理手続を経ずに土地を取得できることとする特例と措置を講じ、事業の迅速化を図ることとされました（所有者不明土地27～37条）。

　土地収用手続の流れは図1の通りです。

(B) 地域福利増進事業に一定期間の使用権設定等

　所有者不明土地法では、新たに「地域福利増進事業」を創設し、同事業のために、都道府県知事が、特定所有者不明土地の利用権（上限10年）を設定できる等の制度を設けました。

　「地域福利増進事業」とは、道路、路外駐車場、学校、公民館、図書館、社会福祉施設、病院、公園、被災者用住宅、購買施設（直売所）、教養文化施設（コンサートホール）、用水路、用排水機、鉄道施設、路線バス施設、港湾施設、郵便局、電話事業施設、電気事業工作物、ガス事業工作物、水道施設、消防施設、行政庁舎等であって、地域住民その他の者の共同の福祉又は利便の増進を図るために行われるものをいいます（所有者不明土地2条3項、所有者不明土地令4条）[3]。

　地域福利増進事業の流れは、前掲「地域福利増進事業ガイドライン」2頁の図の通りです。

---

(3) 前掲「地域福利増進事業ガイドライン」7頁以下

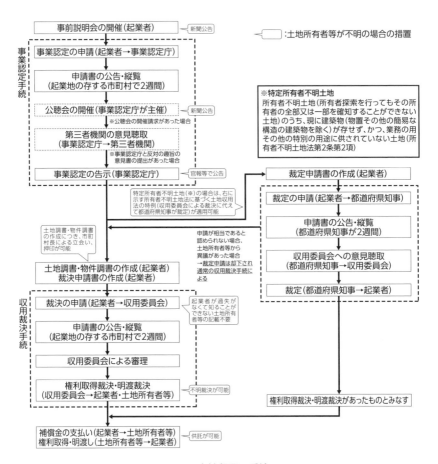

図1：土地収用の手続

（出典：国交省「所有者の所在の把握が難しい土地に関する探索・利活用のための
　　　ガイドライン（第3版）」71項）

(a) 地域福利増進事業の実施の準備

　地域福利増進事業を実施しようとする者は、その準備のため測量又は調
査を行う必要がある場合、特定所有者不明土地又は当該土地にある簡易建
築物その他の工作物に立ち入ることができます（所有者不明土地6条）。た
だし、同事業を実施しようとする者が民間業者であるときは、あらかじめ
当該土地の所在する都道府県知事の許可が必要です（所有者不明土地6条
ただし書、所有者不明土地規4条）。

その測量又は調査に当たり、やむを得ない必要がある場合には、都道府県知事の許可を受け（所有者不明土地規5条・7条）、障害となる植物又は垣、柵その他工作物（以下「障害物」という。）の伐採又は除去をすることができます（所有者不明土地7条1項前段）。原則として、あらかじめ、都道府県知事は障害物の所有者で知れているものに対し意見を述べる機会を与え（所有者不明土地7条1項後段）、実施予定者は公告・通知が必要ですが（所有者不明土地7条2項）、その現状を著しく損傷しない伐採等であれば、事後的な公告・通知で足ります（所有者不明土地7条3項）。

当該土地等に立ち入ろうとする者は、身分等を示す証明書の携帯が必要です（所有者不明土地8条）。

その他、立入り等による損失補償の規定が定められています（所有者不明土地9条）。

(b) 裁定による特定所有者不明土地の使用

地域福利増進事業を実施する者（以下「事業者」という。）は、事業区域内にある特定所有者不明土地を使用しようとするときは、当該土地の所在する都道府県知事に対し、土地使用権や同土地上の所有者不明物件の所有権又は使用権（以下「土地使用権等」という。）の取得についての裁定を申請できます（所有者不明土地10条）。

都道府県知事は、関係市町村長等の意見を聴取し、裁定申請の要件該当性を確認し、要件に該当すると認めるときは、通知・公告・裁定申請書類の縦覧（6カ月間）を行います（所有者不明土地11条）。

都道府県知事は、補償金の額について収用委員会から意見聴取し、対象土地の所在・地番・地目・面積、土地使用権等の始期（物件所有権は取得時期。以下同じ。）、土地・物件の使用権の存続期間（上限10年）、損失補償金額を定めて裁定をします（所有者不明土地13条）。

都道府県知事は、裁定後遅滞なく、事業者等への通知や公告をします（所有者不明土地14条）。

この裁定後公告があれば、事業者は、裁定による土地使用権等を取得し、土地所有権など当該土地・物件に関するその他の権利は、当該事業者の当該土地使用のため必要な限度でその行使が制限されます（所有者不明土地15条）。土地使用権等を取得した事業者は、対象土地の区域内に地域福利

215

増進事業の用に供されている旨を表示した標識を設ける必要があります（所有者不明土地20条）。

　事業者は、土地使用権等の始期までに、裁定で定められた補償金を対象土地の所在地の供託所に供託する必要があり、同始期までに供託をしないときは、当該裁定は失効します（所有者不明土地17条・18条）。

　存続期間の延長（上限10年）も可能です（所有者不明土地19条）。

　その他、所有者不明土地法では、相続・合併等による地位の承継（21条）、土地使用権等の譲渡（22条）、裁定取消し（23条）、期間満了時等の原状回復義務（24条）・原状回復命令等（25条）、報告・立入検査（26条）の定めがあります。

（3）所有者の探索を合理化する仕組み

（A）土地所有者等関連情報の利用及び提供（所有者不明土地法39条、所有者不明土地規53条）

　地域福利増進事業や公共事業（収用適格事業、都市計画事業）の実施の準備のために、同事業の区域内の土地の所有者等（土地又は土地上の物件に関し所有権その他権利を有する者）を知る必要があるときは、当該事業を実施しようとする者は、所有者等の情報（氏名又は名称、住所、本籍、出生年月日、死亡年月日、連絡先。以下「土地所有者等関連情報」という。）について、①行政機関内部で利用でき、②地方公共団体に請求でき、③当該土地に物件を設置している者（電柱を立てている電力会社等）等に請求できます。ただし、事業実施主体が民間業者である場合には、②については地方公共団体の情報提供にあたり所有者等本人の同意が必要であり、③については請求主体から除外されています。

　これらの措置により、土地所有者等関連情報の提供が、個人情報保護法制による制限（目的外利用の禁止原則、本人収集原則）や税法上の守秘義務の適用外となります。

　これらの規定は、事業の準備段階から適用されますので、地域福利増進事業の裁定の申請前や事業認定の取得前であっても請求が可能となります。

(B) 長期相続登記等未了土地に係る不動産登記法の特例（所有者不明土地法40条、法務省令[4]）

　公共の利益となる事業を実施しようとする者からの求めに応じ、当該事業を実施しようとする区域内の長期間相続登記等が未了となっている土地につき、登記官が、所有権の登記名義人となり得る相続人等を探索した上、職権で、付記登記をするとともに、登記名義人に係る法定相続人情報は付記登記抹消日から30年間登記所に保存され、法定相続人情報つづり込み帳が登記所に作成の翌年から10年間備え付けられます（所有者不明土地40条1項、法務省令1〜3条・5条・6条）。

　また、登記官は、探索により知った相続人等に対し、相続登記等の申請を勧告することができ、この場合、相当でないと認めるときを除き、申請に必要な情報を併せて通知します（所有者不明土地40条2項、法務省令4条）。

　探索を求めた者や登記名義人の相続人等は、法定相続人情報を閲覧することができ、その記載情報を利活用できます[5]。また、相続登記の申請においては、法定相続人情報（法定相続人情報に相続人の全部又は一部が判明しない旨の記録がないものに限る）の作成番号を申請書に記載することにより、相続があったことを証する戸籍謄本等の添付を省略することができます。

　「公共の利益となる事業」には、地域福利増進事業や土地収用法3条各号に掲げるものに関する事業に限られず、広く公共の利益となる事業が含まれます。

　探索の対象となる土地は、登記名義人の死亡後30年を超えて相続登記等がされていない特定登記未了土地です（所有者不明土地2条4項・40条1項、所有者不明土地令10条）。

　付記登記には、所有権の登記名義人の死亡後長期間にわたり相続登記等

---

(4) 所有者不明土地の利用の円滑化等に関する特別措置法に規定する不動産登記法の特例に関する省令（平成30年法務省令第28号）。以下、本設問においては、「法務省令」という。

(5) 所有者の所在の把握が難しい土地への対応方策に関する検討会「所有者の所在の把握が難しい土地に関する探索・利活用のためのガイドライン（第3版）」13頁

がされていない土地である旨（長期相続登記等未了土地）、相続人の全部又は一部が判明しないときはその旨、作成番号が記載されます（所有者不明土地40条1項、法務省令2条・3条2項）。

法定相続人情報には、以下の事項が記録されます（法務省令1条2項）。

① 被相続人である所有権の登記名義人の氏名、出生年月日、最後の住所、登記簿上の住所、本籍、死亡年月日

② 登記名義人の相続人の氏名、出生年月日、住所、登記名義人との続柄（当該相続人が死亡しているときは、氏名、出生年月日、登記名義人との続柄、死亡年月日）

③ 登記名義人の相続人（第一次相続人）が死亡している場合には、第一次相続人の相続人（第二次相続人）の氏名、出生年月日、住所、第一次相続人との続柄（当該相続人が死亡しているときは、氏名、出生年月日、第一次相続人との続柄、死亡年月日）

④ 第二次相続人やその相続人が死亡しているときも、③と同様の事項

⑤ 相続人の全部又は一部が判明しないときは、その旨

⑥ 作成番号

⑦ 作成の年月日

（4）所有者不明土地を適切に管理する仕組み

現行民法上、①従来の住所や居所を去って容易に帰る見込みのない不在者の財産や、②相続人のあることが明らかでない相続財産につき、利害関係人等の申立てにより、家庭裁判所が管理人を選任する財産管理制度があります（民25条1項、952条2項）。

所有者不明土地法施行前においても、公共事業のために土地を取得しようとする場合には、地方公共団体は、利害関係人に該当し、財産管理人の選任申立てをすることができると解釈されていました[6]。

しかし、地方公共団体からは、このような場合以外にも、例えば、不法投棄や雑草の繁茂等により所有者不明土地が周囲に悪影響を与えている場合など、公益的な理由から所有者不明土地の管理を行う必要が高い場合に、財産

---

(6) 山野目章夫編『新注釈民法(1)』（有斐閣、2018年）590頁〔岡孝〕。昭和38年12月28日最高裁家二163号家庭局長回答〔家月16巻2号138頁〕

管理制度を活用したいという要望がありました。

　そこで、所有者不明土地の適切な管理のため特に必要があると認めるときは、地方公共団体の長等は、家庭裁判所に対し、民法25条1項の命令又は同法952条1項の財産管理人の選任請求をすることができるとされました（所有者不明土地38条）。

　なお、「民法等の一部を改正する法律」（令和3年法律第24号）により、所有者不明土地管理制度（Q21参照）についても、地方公共団体の長等は、地方裁判所に対し、同管理命令（所有者不明土地管理人選任）の請求をすることができることとされました（改正所有者不明土地38条2項）。

（5）その他

（A）基本方針等

　国土交通大臣及び法務大臣は、所有者不明土地の利用の円滑化及び土地の所有者の効果的な探索に関する基本的な方針を定めなければならないとされ（所有者不明土地3条）、同規定に基づき平成30年11月15日付で同方針について公表されています（法務省・国土交通省告示第2号）。

　その他、所有者不明土地法では、国の責務や地方公共団体の責務について定められています（所有者不明土地4条・5条）。

（B）雑　　則

　所有者不明土地法では、国交省職員の地方公共団体への派遣（41条・42条）、所有者不明土地を使用しようとする者への地方公共団体の援助（43条）、裁定申請手数料（44条）、権限委任（45条）、事務区分（46条）等が定められています。

（C）罰　　則

（a）原状回復命令違反

　原状回復命令（所有者不明土地25条）に違反した者は、1年以下の懲役又は30万円以下の罰金に処するとされました（所有者不明土地49条）。

（b）立入調査妨害、標識設置義務違反、報告義務違反等

　①所有者不明土地法13条5項（19条4項）・32条5項・36条1項（37条

4項）による調査を拒み、妨げ、忌避した者、②同法20条1項・2項（標識設置義務等）に違反した者、③同法26条1項による報告をせず、虚偽報告をし、同項による検査を拒み、妨げ、忌避し、同項による質問に対し答弁をせず、虚偽答弁をした者は、30万円以下の罰金に処するとされました（所有者不明土地50条1項）。

(c) その他、法人等の両罰規定（所有者不明土地51条）等が定められました。

(D) 施行期日

所有者不明土地法は、2018年11月15日に施行されました。

ただし、地域福利増進事業の実施のための措置（所有者不明土地6～26条）、特定所有者不明土地の収用又は使用に関する土地収用法の特例（同27～37条）、同44条（手数料）、同46条（事務の区分）、罰則（同49～51条）は、2019年6月1日に施行されました。

3 実務への影響

（1）実務への影響一般

所有者不明土地法により、公共事業の収用手続が合理化・円滑化されることで、収用手続に要する期間の短縮が期待されます。国交省によれば平均31か月から21か月へ約3分の2に短縮する目標とされています。

また、国交省によれば、地域福利増進事業における利用権の設定数は施行後10年間で100件を目標とされています。しかし、施行後2年以上経過した令和3年7月現在においても、裁定にまで至った案件はないようです[7]。

長期相続登記等未了土地の法定相続人等の探索については、各地の法務局において進められています[8]。

地方公共団体の長等による所有者不明土地法38条に基づく財産管理人の選

---

(7) 裁定申請事例も1件のみです（令和3年9月14日に新潟県に対して同県粟島浦村より裁定申請あり）。

(8) 大阪法務局においては、平成30年度は申出535名義分（内504件完了〔付記登記・法定相続人情報作成・法定相続人への通知発出／以下同じ〕）、令和元年度は申出650名義分（内609件完了）、令和2年度は申出350名義分（内341件完了）、令和3年度は申出470名義分（作業中）〔同年12月31日現在〕とのことである。

任申立については、平成30年は5件（不在者財産管理人0件、相続財産管理人5件）、同31年・令和1年は24件（不在者財産管理人11件、相続財産管理人13件）、令和2年は43件（不在者財産管理人1件、相続財産管理人42件）、令和3年は128件（不在者財産管理人71件、相続財産管理人57件）で、増加傾向にあります[9]。2023年4月1日施行の法改正により、新たに、所有者不明土地管理人等の選任も対象となることから、施行後は、更なる増加が見込まれます（**2**（4）、**3**（2）参照）。

（2）所有者不明土地法の改正

　国土審議会土地政策分科会企画部会において、2021年7月30日から所有者不明土地法の改正議論が始まり、同年12月24日に「所有者不明土地法の見直しに向けた方向性のとりまとめ」が公表されました。

　これを踏まえ、政府は、2022年2月4日、所有者不明土地法を改正する法律案を閣議決定の上、国会に提出し、同法律案は同年4月27日に成立しました。

　同改正法の主な改正点としては、①地域福利増進事業の対象事業の拡充（備蓄倉庫等の災害関連施設や再生可能エネルギー発電設備の整備に関する事業の追加／改正後2条3項9号・10号）、②裁定による土地使用権等の上限期間の延長（10年→20年／同13条3項）、③裁定申請書等の縦覧期間の短縮（6月→2月／同11条4項）、④地域福利増進事業や土地収用法の特例手続の対象となる土地の拡大（老朽化の進んだ空き家等がある土地も対象に／同2条2項）、⑤管理不全土地の所有者に対する市町村長による勧告・命令・代執行制度の創設（同38条〜40条）、⑥管理不全土地管理命令（Q22参照）の請求権を市町村長に付与（同42条3項・4項）、⑦所有者不明土地管理命令（Q21参照）・管理不全土地管理命令の請求時に同土地上の建物の所有者不明建物管理命令・管理不全建物管理命令（Q23参照）の請求権を地方公共団体の長等に付与（同42条5項）などです。

　同改正法は、公布日（2022年5月9日）から6月を超えない範囲内で政令で定める日から施行されます（同改正法附則1条／⑥⑦は改正民法施行日（2023年4月1日）から施行）。

（上田　　純）

---

(9) https://www.courts.go.jp/toukei_siryou/siryo/zaisankanrikensuu/index.html

Q53 表題部所有者不明土地の登記及び管理の適正化に関する法律とはどのような内容ですか。

A 表題部所有者欄の氏名・住所が正常に記録されていない登記となっている土地（表題部所有者不明土地）について、所有者の探索に関する制度や探索の結果を登記簿に反映させる不動産登記の特例を設けると共に、探索の結果、所有者を特定できなかった土地につき新たな財産管理制度を創設した法律です。

1 背 景(1)

　所有者不明土地問題が発生する要因として、所有権（権利部（甲区））の登記がない土地のうち、登記記録の表題部に所有者の氏名又は名称及び住所の全部又は一部が正常に登記されていないものの存在が指摘されています。

　所有権の登記のない土地の登記記録の表題部には、法律上、所有者の氏名又は名称及び住所並びに所有者が二人以上であるときはその所有者ごとの持分を登記する必要があります（不登27条3号）。そして、この表題部に所有者として記録されている者を表題部所有者といいます（同2条10号）。当事者の申請等により所有権の登記がされると、表題部所有者に関する登記事項は抹消されます（不登規158条）。

　しかし、実際には、表題部の所有者欄に、①氏名又は名称が記録されているものの、その住所が記録されていない土地や、②「大阪太郎外八名」などと記録され、「大阪太郎」の住所並びに他の共有者の氏名及び住所が登記記録上記録されていない土地、③住所が記録されておらず、「大字西天満」等の大字名や集落名などの名義が記録されている土地など、表題部所有者の登記が変則的な記録となっている土地が存在します。

　これは、主として、旧土地台帳制度(2)下においてされた所有者欄の氏名又は名称及び住所の変則的な記載が、昭和35年以降に不動産登記法の一部を改正する等の法律に基づいて行われた、旧土地台帳と不動産登記簿との一元化作業において、そのまま引き継がれたことにより発生したものであると考え

---

(1) 登記制度・土地所有権の在り方等に関する研究会「登記制度・土地所有権の在り方等に関する研究報告書」(http://www.moj.go.jp/content/001289333.pdf) 128頁以下

られています。

　このような変則型登記がされた土地についての所有者の探索は、取り分け困難なものであり、旧土地台帳や閉鎖登記簿等の確認のほか、自治会長などの地元精通者からの聴取などを行い、歴史的経緯や管理状況等を調査して所有者の特定に至っている状況にありましたが、それらの調査を行っても所有者の特定に至らない事案も少なくありませんでした。そのため、契約の相手方を把握することができず、その土地についての取引をすることも事実上困難でした。

　このように、変則型登記がされた土地については、円滑な公共事業の実施や適切な土地の管理のほか、不動産の円滑な取引等においても大きな支障を生じさせていました。

　さらに、今後、歴史的資料の散逸や地域コミュニティの衰退等によって、地域の事情に通じた者が少なくなるなど、所有者の探索がますます困難になると考えられ、すみやかに変則型登記を解消する方策を講じていく必要がありりました。

　そこで、変則型登記の解消のため、表題部所有者不明土地の登記及び管理の適正化に関する法律（以下「表題部法」という。）が制定されました。

2　表題部法の概要

（1）定　　義

（A）表題部所有者不明土地（表題部法2条1項）

　「表題部所有者不明土地」とは、所有権（その共有持分を含む）の登記がない一筆の土地のうち、表題部に所有者の氏名又は名称及び住所の全部又は一部が登記されていないもの（国、地方公共団体が所有していることが登記記録上明らかであるものを除く）をいうとされています。

---

(2) 旧土地台帳は、税務署が地租の課税標準たる土地の賃貸価格の均衡適正を図るため、土地の状況を明確に把握するために地目や地積など必要な事項の登録を行う（旧土地台帳法1条）ことを目的として設けられていた課税台帳です。土地台帳法等の一部を改正する法律により台帳事務が税務署から登記所に移管された後、不動産登記法の一部を改正する等の法律（昭和35年法律第14号）によって土地台帳は廃止され、不動産登記簿に一元化されました。

(B) 所有者等（表題部法2条2項）

「所有者等」とは、所有権が帰属し、又は帰属していた自然人又は法人（法人でない社団又は財団（以下「法人でない社団等」という。）を含む）をいうとされています。

（2）表題部所有者不明土地の表題部所有者の登記に関する措置

（A）登記官による所有者等の探索

（a）所有者等の探索の開始（表題部法3条1項）

　登記官は、表題部所有者不明土地について、当該表題部所有者不明土地の利用の現況、当該表題部所有者不明土地の周辺の地域の自然的社会的諸条件及び当該地域における他の表題部所有者不明土地の分布状況その他の事情を考慮して、表題部所有者不明土地の登記の適正化を図る必要があると認めるときは、職権で、その所有者等の探索を行います[3]。

（b）探索開始前の公告（表題部法3条2項、表題部規2条）

　登記官は、上記(a)の探索を行おうとするときは、あらかじめ、①探索開始の旨、②手続番号、③対象土地の所在事項・地目・地積、④対象土地の登記表題部の所有者欄記録事項を公告します。公告方法は、①対象土地を管轄する登記所の掲示場などの公衆の見やすい場所に掲示して行う方法、又は、②各地の法務局のホームページに掲載する方法により、30日以上行われます。

（c）利害関係人による意見等の提出（表題部法4条、表題部規3条）

　上記(b)の公告があったときは、利害関係人は、登記官に対し、対象土地の所有者等について、意見又は資料を提出することができます。また、登記官が意見又は資料を提出すべき相当の期間を定め、かつ、その旨を公告したときは、その期間内にこれを提出する必要があります。

---

(3) 大阪法務局においては、令和元年度に175筆、令和2年度に161筆、令和3年度に163筆を選定し作業を実施し、令和元年度作業分は令和3年12月31日現在134筆が完了した（特定できたもの40筆（内登記完了39筆）、特定できなかったもの0筆、中止94筆）とのことです。

(d) 登記官の調査権限

　ア　実地調査（表題部法5条）

　　　登記官は、上記(a)の探索のため、対象土地又はその周辺の地域に所在する土地の実地調査をすること、表題部所有者不明土地の所有者、占有者その他の関係者からその知っている事実を聴取し又は資料の提出を求めることその他表題部所有者不明土地の所有者等の探索のために必要な調査をすることができます。

　イ　立入調査（表題部法6条）

　　　法務局又は地方法務局の長は、登記官が上記アの実地調査をする場合において、必要があると認めるときは、その必要の限度において、登記官に、他人の土地に立ち入らせることができます。

　ウ　調査の嘱託（表題部法7条）

　　　登記官は、対象土地の関係者が遠隔の地に居住しているとき、その他相当と認めるときは、他の登記所の登記官に上記アの調査を嘱託することができます。

　エ　関係地方公共団体等に対する情報提供の求め（表題部法8条）

　　　登記官は、上記(a)の探索のために必要な限度で、関係地方公共団体の長その他の者に対し、対象土地の所有者等に関する情報の提供を求めることができます。

(B) 所有者等探索委員による調査

(a) 所有者等探索委員

　所有者等の探索のための調査にあたり必要な知識及び経験を有する外部専門家等の知見を活用し、調査結果の正確性や信頼性の向上を図るため、筆界調査委員制度（不登127条以下）を参考に、法務局及び地方法務局に、上記(A)(a)の探索のために必要な調査をさせ、登記官に意見を提出させるため、所有者等探索委員（任期2年、非常勤）若干人を置くこととされました[4]（表題部法9条）。

　実際に調査を行う所有者等探索委員は、関与させる必要がある対象土地

---

(4) 大阪法務局においては、令和2年2月28日に弁護士5名、司法書士5名、土地家屋調査士10名の合計20名が任命されています。

ごとに、法務局又は地方法務局の長が指定します（表題部法11条）。

(b) 所有者等探索委員の調査権限（表題部法12条）

　所有者等探索委員にも、登記官の実地調査や立入調査の規定（表題部法5条、6条）が準用され、一定の調査権限が付与されています。

(c) 意見の提出（表題部法13条）

　所有者等探索委員は、調査を終了したときは、遅滞なく、登記官に対し、その意見を提出する必要があります。

(C) 所有者等の特定（表題部法14条）

(a) 登記官による所有者等の特定（同条1項）

　登記官は、対象土地について、後記(D)の登記を行う前提として、前記(A)(B)による探索により得られた情報の内容その他の事情を総合的に考慮して、表題部所有者として登記すべき者等に関する判断をする必要があります。

　具体的には、次のアからウまでのいずれに該当するかの判断をすることとし、これに加えて、ア又はウの場合にあっては表題部所有者として登記すべき者の氏名又は名称及び住所の特定についても判断をし、エに掲げる場合にはその事由が①又は②のいずれに該当するかの判断もするものとしています。

ア　当該土地の表題部所有者として登記すべき者があるとき（共有地は、全ての共有持分について表題部所有者として登記すべき者があるとき）（同項1号）

イ　当該土地の表題部所有者として登記すべき者がないとき（共有地は、全ての共有持分について表題部所有者として登記すべき者がないとき）（同項2号）

ウ　当該土地が共有地である場合において、表題部所有者として登記すべき者がない共有持分があるとき（イの場合を除く）（同項3号）

エ　イ又はウに該当する場合において、その事由が次のいずれかに該当するとき（同項4号）

　　①　当該土地（共有地は、その共有持分。②において同じ）の所有者等を特定することができなかったこと（同号イ）

② 当該土地の所有者等を特定することができた場合であって、当該土地が法人でない社団等に属するとき又は法人でない社団等に属していたとき（当該法人でない社団等以外の所有者等に属するときを除く）において、表題部所有者として登記すべき者を特定することができないこと（同号ロ）

(b) 書面又は電磁的記録の作成

登記官は、(a)の判断をしたときは、①手続番号、②対象土地の所在、③結論、④理由、⑤所有者等探索委員の意見が提出されているときはその旨、⑥作成年月日を記載し、又は記録した書面又は電磁的記録（以下「所有者特定書」という）を作成する必要があります（同条2項、表題部規7条）。

所有者特定書に記載又は記録された情報は永久に保存されます（書面の場合にはその情報を電磁的記録化して保存）（表題部法13条）。

登記所には、関係地方公共団体の長その他の者への照会書の写し、提出された資料、書面をもって作成された所有者特定書その他の所有者等の探索、所有者等の特定及び登記に係る手続に関する書類をつづり込んだ所有者特定書等つづり込み帳が備えられ、その保存期間は作成の翌年から30年間とされました（表題部規14条）。

(D) 表題部所有者の登記（表題部法15条）

(a) 登　記（同条1項）

登記官は、前記(C)(a)の判断をしたときは、当該土地につき、職権で、遅滞なく、表題部所有者の登記を抹消した上で、表題部に以下の登記をします。

具体的には、

ア　前記(C)(a)アの場合（表題部所有者として登記すべき者がある場合）には、表題部所有者として登記すべき者の氏名又は名称及び住所（共有持分の特定をした場合にあっては、その共有持分を含む）を登記します（同条1項1号）。

イ　前記(C)(a)イの場合（表題部所有者として登記すべき者がない場合）には、その旨（共有持分の特定をした場合にあっては、その共有持分を含む）を登記します（同条1項2号）。

ウ　前記(C)(a)ウの場合（共有地である場合において登記すべき者がない共有持分があるとき）には、表題部所有者として登記すべき者がある共有持分についてはその者の氏名又は名称及び住所（共有持分の特定をした場合にあっては、その共有持分を含む）、表題部所有者として登記すべき者がない共有持分についてはその旨（共有持分の特定をした場合にあっては、その共有持分を含む）を登記します（同条1項3号）。

エ　イ又はウの場合には、その事由が前記(C)(a)エ①（所有者等を特定できない）か同②（所有者等が法人でない社団等に特定できたが、表題部所有者として登記すべき者を特定できない）のいずれに該当するかに応じ、それぞれその旨を登記します（同条1項4号）。同①の登記がされた土地を「所有者等特定不能土地」といい、同②の登記がされた土地であって現に法人でない社団等に属するものを「特定社団等帰属土地」といいます（表題部法2条3項・4項）。

(b)　公　告（同条2項、表題部規8条）

　登記官は、上記(a)の登記をしようとするときは、あらかじめ、①登記をする旨、②手続番号、③対象土地の所在事項・地目・地積、④対象土地の登記表題部の所有者欄記録事項、⑤前記(C)(a)の判断の区分に応じた内容を公告します。公告方法は(A)(b)と同様です（ただし公告期間は2週間）。

(c)　通　知（表題部規12条）

　登記官は、上記(a)ア又はウの登記したときは、表題部所有者又はその相続人その他の一般承継人であって知れているもの（2人以上あるときはその1名で足りる）に対し、登記が完了した旨を通知します。

(E)　登記後の公告（表題部法16条、表題部規10条）

　登記官は、(D)の登記をしたときは、遅滞なく、①登記した旨、②手続番号、③対象土地の所在事項を公告します。公告方法は(A)(b)と同様です（ただし公告期間は2週間）。

(F)　所有者等の探索の中止（表題部法17条、表題部規11条）

　登記官は、対象土地に関する権利関係について訴訟が係属しているとき、その他相当でないと認めるときは、対象土地に係る所有者等の探索、所有

者等の特定及び登記に係る手続を中止することができます。

　この場合、①中止の旨、②手続番号、③対象土地の所在事項を公告します。公告方法は（A）（b）と同様です（ただし公告期間は2週間）。

（3）所有者等特定不能土地の管理

（A）特定不能土地等管理命令制度の創設

　登記官が表題部所有者不明土地について所有者等の探索を行っても、なおその所有者等を特定できない事態が生じ得ます。このような土地については、関係資料が散逸する一方であることを考慮すると、今後とも所有者を特定することができないままとなる蓋然性が極めて高いと考えられますが、その管理・処分権者を欠くため、その適正な管理や円滑な取引等に関して著しい支障を生じます。また、このような土地については、そもそも、真の所有者が現在何名存在するかすら不明であることが多いことから、不在者財産管理制度や相続財産管理制度など既存の財産管理制度の利用も困難となり、上記の支障の解消も図ることができません。そこで、所有者等特定不能土地を対象とした、新たな財産管理制度が創設されました。

（B）特定不能土地等管理命令（表題部法19条）

　裁判所は、必要があると認めるときは、利害関係人の申立てにより、その申立てに係る所有者等特定不能土地を対象として、特定不能土地等管理者による管理を命ずる処分（以下「特定不能土地等管理命令」という。）をすることができます。

　「必要があると認めるとき」とは、当該土地の管理の必要があると認めるときをいい、例えば、①所有者等特定不能土地であるがけ地について、崩落を防止するため、必要な工事をする必要がある場合において、その権原を有する者がいないとき、②民間事業者等が所有者等特定不能土地を買収して開発を行いたいとき[5]、③当該所有者等特定不能土地について時効取得を主張する者[6]が訴訟を提起しようとするときなどがこれに該当します。

---

(5) 衆議院法務委員会平成31年4月26日議事録9頁〔小野瀬発言〕

(6) 登記官による所有者探索の時点において、対象土地を時効取得した者がいたときは、その者を表題部所有者として登記することになりますが、その時点では取得時効が成立

「利害関係人」には、例えば、対象土地について特定できた共有者の一人や、対象土地について時効取得を主張する者、公共事業のために対象土地を任意で取得しようとする国又は地方公共団体のほか、円滑な取引を可能とする趣旨から、対象土地を買収して開発を行おうとする民間事業者なども広く含まれます[7]。

(C) 特定不能土地等管理者の選任等（表題部法20条）

裁判所は、特定不能土地等管理命令をする場合には、同管理命令において、特定不能土地等管理者を選任する必要があります。

同管理命令があった場合、裁判所書記官は、職権で、遅滞なく、対象土地について、同管理命令の登記を嘱託します。

(D) 特定不能土地等管理者の権限（表題部法21条）

対象土地及びその管理、処分その他の事由により管理者が得た財産（以下「対象土地等」という。）の管理及び処分をする権利は管理者に専属します。

もっとも、管理者は、民法103条の定める範囲の行為（保存行為、対象土地等の性質を変えない範囲においてその利用又は改良を目的とする行為）を超える行為をするには、裁判所の許可を得る必要があり、許可を得ずにした行為は無効となります（ただし、善意の第三者に対抗できません）。

(E) 所有者等特定不能土地等の管理（表題部法22条）

管理者は、就職の後直ちに対象土地等の管理に着手する必要があります。

(F) 所有者等特定不能土地等に関する訴えの取扱い（表題部法23条）

管理命令が発せられた場合には、対象土地等に関する訴えについては、特定不能土地等管理者を原告又は被告とします。そのため、対象土地等に関する訴訟手続でその所有者が当事者であるものは、訴訟手続を中断し、

していなかったものの、その後、取得時効が成立した場合には、特定不能土地等管理者を相手方として訴えを提起することになります。

(7) 衆議院法務委員会平成31年4月26日議事録9頁〔小野瀬発言〕

同管理者において受継することができます（受継申立ては相手方も可能）。

（G）特定不能土地等管理者の義務（表題部法24条）

　管理者は、対象土地等の所有者のために、善良な管理者の注意をもって、権限を行使する必要があります。また、管理者は、対象土地等の所有者のために、誠実かつ公平に権限を行使する必要があります。

（H）特定不能土地等管理者の辞任・解任（表題部法25条・26条）

　管理者は、正当な事由があるときは、裁判所の許可を得て、辞任することができます。

　管理者がその任務に違反して管理命令の対象とされた対象土地等に著しい損害を与えたことその他重要な事由があるときは、裁判所は、利害関係人の申立てにより、管理者を解任することができます。

（I）特定不能土地等管理者の報酬等（表題部法27条）

　管理者は、対象土地等から裁判所が定める額の費用の前払及び報酬を受けることができます。この場合、裁判所は、管理者の陳述を聴く必要があります。

（J）特定不能土地等管理者による金銭の供託（表題部法28条、表題部規15条）

　管理者は、対象土地等の管理、処分その他の事由により金銭が生じたときは、その所有者のために、当該金銭を対象土地の所在地の供託所に供託することができます。

　管理者は、供託をしたときは、官報により、①供託した旨、②対象土地の所在事項、③供託所の表示、④供託番号、⑤供託金額、⑥裁判所の名称・件名・事件番号を公告する必要があります。

（K）特定不能土地等管理命令の取消し（表題部法29条）

　裁判所は、管理者が管理すべき財産がなくなったとき（同財産の全部が供託されたときを含む）、その他対象土地等の管理を継続することが相当で

なくなったときは、管理者若しくは利害関係人の申立てにより又は職権で、管理命令を取り消す必要があります。

　また、対象土地等の所有者が対象土地等の所有権（共有持分を含む）が自己に帰属することを証明したときは、裁判所は、当該所有者の申立てにより、管理命令を取り消す必要があります。この場合、管理者は、当該所有者に対し、その事務の経過及び結果を報告し、対象土地等を引き渡す必要があります。

（4）特定社団等帰属土地の管理（表題部法30条）

　特定社団等帰属土地について、その法人でない社団等の実態が一度失われている場合には、今後とも実態が回復する見込みが乏しいと考えられますが、法人でない社団等が有する財産を管理・処分する制度がなく、特定不能土地等管理命令の場合と同様に、既存の財産管理制度によって対応することが困難です。

　そこで、特定社団等帰属土地を対象とした、新たな財産管理制度が創設されました。

　裁判所は、特定社団等帰属土地が帰属する法人でない社団等の代表者又は管理人が選任されておらず、かつ、当該社団等のすべての構成員を特定することができず、又はその所在が明らかでない場合において、必要があると認めるときは、利害関係人の申立てにより、当該土地を対象として、特定社団等帰属土地等管理者による管理を命ずる処分（特定社団等帰属土地等管理命令）をすることができます。

　この管理命令については、特定不能土地等管理命令の各規定が準用されています。

（5）管轄、罰則、施行期日

（A）非訟事件の管轄（表題部法31条）

　表題部法の規定による非訟事件は、対象土地の所在地を管轄する地方裁判所の管轄に属します。

(B) 罰　　則（表題部法 34 条）

　登記官や所有者等探索委員の立入調査について、当該土地の占有者は、正当な理由がない限り、立入りを拒み、又は妨げてはならないとされているところ（表題部法6条5項、12条）、これに違反し、その立入りを拒み、又は妨げた者は、30万円以下の罰金に処するとされました。

(C) 施 行 期 日

　表題部法は、2019年11月22日に施行されました。

　ただし、所有者等特定不能土地の管理（表題部法19～29条）、特定社団等帰属土地の管理（同30条）、雑則（同31～33条）は、2020年11月1日に施行されました。

3　実務への影響

（1）実務への影響一般

　各地の法務局による表題部所有者不明土地の所有者等の探索・調査が進むことにより、所有者等が特定できれば当該所有者等を相手方として取引、訴訟その他の手続を円滑に行うことができます。

　また、特定できない場合でも、管理人の選任を地裁に申し立て、その管理人を相手方として、取引、訴訟その他の手続を行うことができます。

（2）所有者不明土地管理制度との関係

　表題部所有者不明土地については、所有者不明土地管理命令（改正民264条の2～同条の7）の対象となりえますが、所有者等特定不能土地や特定社団等帰属土地については、同管理命令の規定の適用が除外された（改正表題部法32条1項）ため、同管理命令と特定不能土地等管理命令や特定社団等帰属土地等管理命令が重複することは通常ありません。

　ただ、所有者等特定不能土地や特定社団等帰属土地の登記（表題部法15条4号イロ）の前に所有者不明土地管理命令が発令された場合には、同管理命令の規定の適用除外とならないため、所有者等特定不能土地や特定社団等帰属土地について、同管理命令が発令されることはあり得ます。

　この場合、所有者不明土地管理命令が発令され、所有者不明土地管理人が

選任されている以上、通常は、特定不能土地等管理命令や特定社団等帰属土地等管理命令の「必要があると認めるとき」（表題部法19条1項、30条1項）とは認められないと考えられ、特定不能土地等管理命令等は発令されないと考えられます。また、万一、所有者不明土地管理命令の発令を見逃し、重複して特定不能土地等管理命令等が発令された場合、先行して選任された所有者不明土地管理人が利害関係人として裁判所に特定不能土地等管理命令等の取消しを求めることになると考えられます（表題部法29条1項）。

（上田　　純）

索　引

【あ行】

【か行】

【さ行】

執筆者等一覧

弁護士　大砂裕幸（1986 年登録）　船場中央法律事務所

弁護士　安永正昭（2016 年登録）　摂津総合法律事務所、神戸大学名
誉教授

弁護士　林　邦彦（1996 年登録）　林邦彦法律事務所

弁護士　阪上武仁（2007 年登録）　北浜南法律事務所

弁護士　余田博史（2001 年登録）　はばたき綜合法律事務所

弁護士　安部将規（1998 年登録）　アイマン総合法律事務所

弁護士　中林祐太（2013 年登録）　平野町法律事務所

弁護士　平井信二（2000 年登録）　アクト大阪法律事務所

弁護士　中森　亘（1995 年登録）　北浜法律事務所・外国法共同事業

弁護士　宇仁美咲（1997 年登録）　岡本正治法律事務所

弁護士　佐藤　俊（2005 年登録）　弁護士法人大江橋法律事務所

弁護士　山本隼平（2011 年登録）　藤井薫法律事務所

弁護士　金水孝真（2013 年登録）　清和法律事務所

弁護士　若杉洋一（1994 年登録）　弁護士法人大江橋法律事務所

弁護士　岩本文男（2006 年登録）　弁護士法人淀屋橋・山上合同

弁護士　中祖康智（2005 年登録）　中祖法律事務所

弁護士　上田　純（1998 年登録）　久保井総合法律事務所

弁護士　山田　徹（2009 年登録）　高槻フルール法律事務所

実務家による改正法シリーズ⑤

Q&A 所有者不明土地関連法
—改正民法・不動産登記法と相続土地国庫 帰属法等の解説

発行日　　2022年（令和4年）6月30日

編集・発行　大阪弁護士協同組合
　　　　　　〒530-0047
　　　　　　大阪市北区西天満1-12-5
　　　　　　大阪弁護士会館内
　　　　　　ＴＥＬ　06-6364-8208
　　　　　　ＦＡＸ　06-6364-1693

印　　刷　　株式会社ぎょうせい

定価2,970円（本体2,700円＋10%税）